अरबपतियों जैसा कैसे सोचें?

क्या आपने स्वयं से कभी कहा है–हाँ, मैं अमीर बन सकता हूँ! हो सकता है कि कहा हो या फिर नहीं भी। यही अमीर बनने की पहली व सबसे बड़ी शर्त है। यदि इस पर गंभीरता से विचार-विमर्श नहीं किया और यों ही अपने मन को समझा लिया कि 'मैं अमीर बन सकता हूँ।' तो असल बात बन न सकेगी। इससे पहले अमीर बनने की यात्रा शुरू हो पाना संभव नहीं है, क्योंकि यही जीवन बदलने वाली महान् यात्रा का प्रस्थान बिंदु है।

सबसे पहले आप यह मानें कि आपने सचमुच में इस मुद्दे पर गंभीरता से विचार नहीं किया है और फिर पूरी सहजता से पूछें, 'क्या मैं अमीर बन सकता हूँ?' हाँ, यह चिंतन-प्रक्रिया थोड़ी जटिल है, इसलिए न तो मन में उठ रहे भावों की तह में जाने से घबराएँ और न ही जल्दबाजी करें। खुद को सहज व संयत रखें और बस अपने विचारों को साक्षी भाव से देखें। 'साक्षी भाव' वह मनोदशा है, जब हम खुद के विचारों को बिना किसी पूर्वग्रह के खुद से अलग रखते हुए 'गवाह' (साक्षी) की तरह देखते हैं। यह वही स्थिति है, जब आप किसी घटना को उसमें शामिल हुए बिना ही देखते हैं। जब आप ऐसा करेंगे तो सब साफ होना शुरू हो जाएगा कि आपने अब तक 'खुद', 'सफलता' में कौन-कौन सी बाधाएँ खड़ी की हुई थीं। यह भी संभव है कि आपको लगे कि आपने इस मुद्दे पर इतनी गंभीरता से पहले कभी सोचा भी नहीं था। यदि ऐसा नहीं होता तो आप अमीरी-यात्रा पर कब के निकल चुके होते। खैर, इस प्रक्रिया को अब शुरू होना था तो अब सही।

❖

वरिष्ठ पत्रकार **प्रदीप ठाकुर** को भारत के प्रमुख मीडिया समूहों (दिल्ली प्रेस, अमर उजाला व दैनिक जागरण) में विभिन्न संपादकीय पदों पर काम करने और विविध विषयों पर लिखने व विश्लेषण प्रस्तुत करने का दो दशक से भी अधिक समय का अनुभव प्राप्त है। उनकी अंग्रेजी में प्रकाशित कृतियाँ हैं : 'टाटा नैनो : द पीपल्स कार', 'कैरीइंग धीरूभाई', 'विजन फॉरवर्ड : मुकेश अंबानी', 'द शाइनिंग स्टार ऑफ अमेरिका एंड द वर्ल्ड : बराक ओबामा', 'द किंग ऑफ स्टील : लक्ष्मी एन. मित्तल', 'अन्ना हजारे : द फेस ऑफ इंडिया अगेंस्ट करप्शन', 'एंजेलीना जोली : इज शी द मोस्ट पॉवरफुल सेलिब्रिटी' और 'टाइगर इन द वुड्स : द स्टोरी ऑफ नं. 1 स्पोर्ट्स-ब्रांड टाइगर वुड्स'।

अरबपतियों जैसा कैसे सोचें?

(सुपर अमीर बनने के सूत्र)

प्रदीप ठाकुर

प्रकाशक

प्रभात प्रकाशन प्रा. लि.

4/19 आसफ अली रोड, नई दिल्ली-110002

फोन : 011-23289777 • हेल्पलाइन नं. : 7827007777

इ-मेल : prabhatbooks@gmail.com ❖ वेब ठिकाना : www.prabhatbooks.com

संस्करण

2025

मूल्य

तीन सौ रुपए

मुद्रक

नरुला प्रिंटर्स, दिल्ली

———————— ★ ————————

ARABPATIYON JAISA KAISE SOCHEN?

by Pradeep Thakur

Published by **PRABHAT PRAKASHAN PVT. LTD.**

4/19 Asaf Ali Road, New Delhi-110002

ISBN 978-93-5266-517-4

₹ 300.00

मेरी पूर्णकालिक लेखन-यात्रा को
संभव बनानेवाली धर्मपत्नी किरण और
मुझे हमेशा उत्साहित रखनेवाले
सुपुत्रों—प्रभाकर, पुष्कर व भास्कर
को
सस्नेह समर्पित

भूमिका

क्या आपने स्वयं से कभी कहा है—हाँ, मैं अमीर बन सकता हूँ! हो सकता है कि कहा हो या फिर नहीं भी। यही अमीर बनने की पहली व सबसे बड़ी शर्त है। यदि इस पर गंभीरता से विचार-विमर्श नहीं किया और यों ही अपने मन को समझा लिया कि 'मैं अमीर बन सकता हूँ।' तो असल बात बन न सकेगी। इससे पहले अमीर बनने की यात्रा शुरू हो पाना संभव नहीं है, क्योंकि यही जीवन बदलने वाली महान् यात्रा का प्रस्थान बिंदु है।

दुर्भाग्य से हमारी शिक्षा, हमारा समाज व हमारा बौद्धिक अनुकूलन 'आशावादी' से ज्यादा 'निराशावादी' है। मैं सिर्फ भारतीय समाज की बात नहीं कर रहा हूँ, समूची दुनिया इस मनोवैज्ञानिक प्रभाव के दायरे में है। हमारे सामाजिक-आर्थिक विकास का ढाँचा ही कुछ ऐसा है कि वह समाज के बहुत बड़े हिस्से को निराशावादी बनने के लिए मजबूर करता है। जो अमीर नहीं है, उस वर्ग का अधिकांश यही सोचता है कि 'हम अमीर नहीं बन सकते'; यह भाग्य का खेल है, जो चंद लोगों के हिस्से में ही है। जब भी आपने अमीर बनने के बारे से सोचना-समझना शुरू किया और अपने नजदीकियों से अपना विचार साझा किया होगा तो क्या जवाब मिला? यही न कि 'दिन में सपने देखना छोड़ दो', और 'खुद को यथार्थवादी बनाओ'? निश्चित रूप से ऐसा जवाब मिला होगा।

यह कोई चौंकाने वाली बात नहीं है और न ही मैं आपके सामने किसी रहस्य से परदा उठा रहा हूँ। यह सार्वभौमिक मनोवैज्ञानिक सत्य है। दुनिया भर में अधिकांश लोग इसी तरीके से सोचते हैं और इसी सोच को 'व्यावहारिक' समझते हैं।

लेकिन यह बिल्कुल भी सही नहीं है। यदि समृद्ध लोगों की एक विशिष्ट जमात है, तो ऐसा यह 'खुद को गरीब' मान लेने वाले अधिकांश लोगों का दिमागी फितूर है, जिन्होंने बिना किसी ठोस कारण के बस यों ही मान रखा है कि वे इस 'विशिष्ट जमात' में शामिल नहीं हो सकते...और यही कारण है कि वे इस जमात में शामिल होने की कोशिश ही नहीं करते। हकीकत में धनवान व्यक्तियों का कोई खास समुदाय नहीं है, उनमें से बहुत कम लोग ऐसे हैं, जो खानदानी तौर पर धनी हैं, जबकि अधिकांश ने खुद को धनवान बनाया है। किसी भी सफल व धनवान व्यक्ति से आप यह सवाल करेंगे कि 'आपने धनवान बनने के लिए क्या किया', तो एक ही जवाब मिलेगा कि उन्होंने खुद पर यह विश्वास करना शुरू कर दिया था कि वे एक दिन जरूर अमीर व मशहूर व्यक्ति बनेंगे। इस पुस्तक में आपको ऐसे कई लोगों के बारे में जानने का अवसर मिलेगा।

सबसे पहले आप यह मानें कि आपने सचमुच में इस मुद्दे पर गंभीरता से विचार नहीं किया है और फिर पूरी सहजता से पूछें, 'क्या मैं अमीर बन सकता हूँ?' हाँ, यह चिंतन-प्रक्रिया थोड़ी जटिल है, इसलिए न तो मन में उठ रहे भावों की तह में जाने से घबराएँ और न ही जल्दबाजी करें। खुद को सहज व संयत रखें और बस अपने विचारों को साक्षी भाव से देखें। 'साक्षी भाव' वह मनोदशा है, जब हम खुद के विचारों को बिना किसी पूर्वग्रह के खुद से अलग रखते हुए 'गवाह' (साक्षी) की तरह देखते हैं। यह वही स्थिति है, जब आप किसी घटना को उसमें शामिल हुए बिना ही देखते हैं। जब आप ऐसा करेंगे तो सब साफ होना शुरू हो जाएगा कि आपने अब तक 'खुद', 'सफलता' में कौन-कौन सी

बाधाएँ खड़ी की हुई थीं। यह भी संभव है कि आपको लगे कि आपने इस मुद्दे पर इतनी गंभीरता से पहले कभी सोचा भी नहीं था। यदि ऐसा नहीं होता तो आप अमीरी-यात्रा पर कब के निकल चुके होते। खैर, इस प्रक्रिया को अब शुरू होना था तो अब सही।

मुझे विश्वास है कि यह पुस्तक आप सभी सुधी पाठकों के लिए धनी व सफल बनने की दिशा में कदम बढ़ाने में प्रेरणादायी साबित होगी।

—प्रदीप ठाकुर

अनुक्रम

1
कहाँ से शुरू करें समृद्धि की यात्रा?

"हजारों मीलों की यात्रा की शुरुआत एक छोटे कदम से होती है।"

—लाओ त्सू

'ताओ ते चिंग' के रचयिता महान् चीनी दार्शनिक

"शुरू करने का रास्ता है कि बातें छोड़ दें और करना शुरू करें।"

—वॉल्ट डिज्नी

वॉल्ट डिज्नी कंपनी के सह-संस्थापक
मशहूर अमेरिकी व्यंग्य-चित्रकार

क्या आप सचमुच अमीर बनना चाहते हैं? जाहिर है कि आपका जवाब 'हाँ' ही होगा, वरना आप इस किताब को पढ़ने को उत्सुक क्यों होते? लेकिन अमीर बनने की सबसे बड़ी बाधा है मनोदशा। आखिर अमीर कौन नहीं बनना चाहता! लेकिन यों ही सोच लेने भर से अमीरी की यात्रा शुरू कर पाना संभव नहीं है। जी हाँ, हरेक के मन में स्वाभाविक सवाल उठता है—आखिर कहाँ से शुरू करें? लेकिन इससे पहले एक सवाल यह है कि आप में अमीर बनने का कैसा लक्ष्य है? क्या आप बस, अपनी आमदनी को बढ़ाने की इच्छा रखते हैं? अधिकतर लोग तो अमीर बनने का मतलब यही समझते हैं। बहुत कम लोग अपने लिए सचमुच अमीर बनने यानी करोड़पति-अरबपति बनने का लक्ष्य

बनाते हैं। अब आपके मन में सहज ही कौतूहल हो रहा होगा, आखिर कहाँ से शुरू करें?

हाँ, मैं अमीर बन सकता हूँ

पहली नजर में आपको यह कथन कुछ अजीब सा लग रहा होगा। हर किसी को ऐसा ही लगता है। लेकिन धीरज रखते हुए अपने मन को टटोलें, क्या मैं सचमुच अमीर बनाना चाहता हूँ? तुरंत कोई फैसला नहीं करें, क्योंकि यही मुद्दा अमीर बनने की पहली व सबसे बड़ी शर्त है। इस सवाल का जवाब आपके जीवन को हमेशा के लिए बदलने वाला है। यदि इस पर गंभीरता से विचार-विमर्श नहीं किया और यों ही अपने मन को समझा लिया कि मैं अमीर बन सकता हूँ, तो असल बात बन न सकेगी। इससे पहले अमीर बनने की यात्रा शुरू हो पाना संभव नहीं है, क्योंकि यही जीवन बदलनेवाली महान् यात्रा का प्रस्थान-बिंदु है।

आखिर मैं इस मुद्दे पर इतना जोर क्यों डाल रहा हूँ? इसका कारण थोड़ा ज्यादा जटिल व मनोवैज्ञानिक है। असल में, दुर्भाग्य से हमारी शिक्षा, हमारा समाज और हमारा बौद्धिक अनुकूलन (इंटेलेक्चुअल कंडीशनिंग) आशावादी से ज्यादा निराशावादी है। मैं सिर्फ भारतीय समाज की बात नहीं कर रहा हूँ, समूची दुनिया इस मनोवैज्ञानिक प्रभाव के दायरे में है। दुनिया के सामाजिक-आर्थिक विकास का ढाँचा ही कुछ ऐसा है कि वह समाज के बहुत बड़े हिस्से को निराशावादी बनने के लिए मजबूर करता है। जो अमीर नहीं है, उस वर्ग का अधिकांश यही सोचता है कि हम अमीर नहीं बन सकते। यह भाग्य का खेल है, जो कुछ लोगों के हिस्से में ही है। जी हाँ, हमारा माहौल हमें अनजाने में ही इस निराशावादी मनोदशा में धकेल देता है कि अमीर बनना मेरा नहीं, दूसरों का काम है। जब भी आपने अमीर बनने के बारे में सोचना-समझना शुरू किया और अपने नजदीकियों से अपना विचार साझा किया होगा तो क्या जवाब मिला, यही न कि दिन में सपने देखना छोड़ दो और खुद को यथार्थवादी बनाओ।

निश्चित रूप से ऐसा जवाब मिला होगा। यह कोई चौंकानेवाली बात नहीं है और न ही मैं आपके सामने किसी रहस्य से परदा उठा रहा हूँ। यह सार्वभौमिक मनोवैज्ञानिक सत्य (यूनिवर्सल साइकोलॉजिकल फैक्ट) है। दुनिया भर में अधिकांश लोग इसी तरीके से सोचते हैं और इसी सोच को व्यावहारिक (प्रैक्टिकल) समझते हैं। उन्हें लगता है कि सफलता कुछ भाग्यशाली लोगों या समाज के लिए आरक्षित है। ऐसा लगने की वजह भी है कि सचमुच में धनवान् लोगों का समुदाय बहुत छोटा है और हम उन्हें विशिष्ट भाग्यशाली जमात (एक्सक्लूसिव फॉर्च्यूनेट क्लब) का सदस्य मान लेते हैं।

लेकिन यह बिल्कुल भी सही नहीं है। यदि समृद्ध लोगों की एक विशिष्ट जमात है तो यह खुद को गरीब मान लेनेवाले अधिकांश लोगों का दिमागी फितूर है, जिन्होंने बिना किसी ठोस कारण के बस, यों ही मान रखा है कि वे इस विशिष्ट जमात में शामिल नहीं हो सकते और यही कारण है कि वे इस जमात में शामिल होने की कोशिश ही नहीं करते। वास्तव में धनवान् व्यक्तियों का कोई खास समुदाय नहीं है। उनमें से बहुत कम लोग ऐसे हैं, जो खानदानी तौर पर धनी हैं, जबकि अधिकांश ने खुद को धनवान् बनाया है। किसी भी सफल व धनवान् व्यक्ति से आप यह सवाल करेंगे कि आपने धनवान् बनने के लिए क्या किया, तो एक ही जवाब मिलेगा कि उन्होंने खुद पर यह विश्वास करना शुरू कर दिया था कि वे एक दिन जरूर ही अमीर व मशहूर व्यक्ति बनेंगे।

अब आपको महसूस हो रहा होगा, मैंने आपको अध्याय की शुरुआत में थोड़ा धीरज रखते हुए इस मुद्दे पर गहनता से विचार करने के लिए क्यों जोर डाला था। मैं आपको फिर से सावधान कर रहा हूँ, इस मुद्दे को सहज मानने की कोशिश न करें, जबकि यह सरसरी तौर बहुत ही सहज दिखाई पड़ता है। सबसे पहले आप यह मानें कि आपने सचमुच इस मुद्दे पर गंभीरता से विचार नहीं किया है और फिर पूरी सहजता से पूछें कि क्या मैं अमीर बन सकता हूँ? अब आपको सुखद आश्चर्य होगा कि आप सचमुच

में इस मुद्दे पर पहली बार गंभीरता से विचार करने को तत्पर हो सके हैं। हाँ, यह चिंतन-प्रक्रिया थोड़ी जटिल है, इसलिए न तो मन में उठ रहे भावों की तह में जाने से घबराएँ और न ही जल्दबाजी करें। खुद को सहज व संयत रखें और बस अपने विचारों को साक्षी-भाव से देखें। साक्षी-भाव वह मनोदशा है, जब हम खुद के विचारों को बिना किसी पूर्वग्रह के खुद से अलग रखते हुए गवाह (साक्षी) की तरह देखते हैं। यह वही स्थिति है, जब आप किसी घटना को उसमें शामिल हुए बिना ही देखते हैं। जब आप ऐसा करेंगे, तो सब साफ होना शुरू हो जाएगा कि आपने अब तक खुद व सफलता के मार्ग में कौन-कौन सी बाधाएँ खड़ी की हुई थीं। यह भी संभव है कि आपको लगे कि आपने कोई बाधा तो नहीं खड़ी की थी, लेकिन इस मुद्दे पर इतनी गंभीरता से पहले कभी सोचा भी नहीं था। यदि ऐसा नहीं होता तो आप अमीरी की यात्रा पर कब के निकल चुके होते। खैर, इस प्रक्रिया को अब शुरू होना था तो अब सही।

हाँ, अब आपको खुद को पूरी तरह से यह विश्वास दिलाना पड़ेगा कि न केवल आपका धनवान् होना संभव है, बल्कि यह यात्रा जितनी कठिन लगती थी या अब भी लग रही है, वह असल में कठिन नहीं है। अव्वल तो आपको खुद को यह भी एहसास दिलाना होगा कि यह संभावना उतनी भी कठिन नहीं है, जितनी कि आपको यों ही दिखाई-सी दे रही थी। चूँकि आपने इससे पहले इस मुद्दे को साक्षी भाव से देखा ही नहीं था, इसलिए वह आपको साफ-साफ दिखाई ही नहीं दे रहा था। अब आप अपनी असलियत को बिना किसी पूर्वग्रह के देखने की स्थिति में हैं और आपके सामने सबकुछ बिल्कुल स्पष्ट होता जा रहा है। इस सहज स्थिति में ज्यों-ज्यों एक-एक दिन गुजरता जाएगा, आपको दर्जनों अवसर दिखने शुरू हो जाएँगे; क्योंकि अब तक आपकी पूर्व धारणाओं (कि मैं अमीर नहीं बन सकता, कि यह सिर्फ चंद भाग्यशालियों के हिस्से की चीज है आदि) के धुँधलके ने उन संभावनाओं को ओझल किया हुआ था।

जी हाँ, चूँकि अब तक आपका मस्तिष्क अनजाने निराशावादी

मनोवैज्ञानिक प्रभाव में रहा था, इसलिए आपके सामने जब भी लाभ के अवसर आते थे, आप उसे ठीक प्रकार से नहीं देख पाते थे और वे आपकी अंतर्दृष्टि से ओझल होते जाते थे। अब आपकी आँखों की दृष्टि और आपके मन की दृष्टि-अंतर्दृष्टि के बीच से गलत्त पूर्व धारणाओं या आग्रहों का परदा हट चुका है। अब आप खुद के सभी कर्मों के साक्षी बन चुके हैं, इसलिए आपके लिए सही व गलत को समझना बिल्कुल सहज हो गया था।

हम तीसरे अध्याय में आत्म-सुझाव की कला पर विचार-विमर्श करेंगे, जिससे आपको अपने अंतर्ज्ञान या सहज बोध की शक्ति को समझने और उसे ज्यादा विकसित करने में मदद मिलेगी। इसी अंतर्ज्ञान को मनुष्य की दिव्य दृष्टि या छठी इंद्रिय (सिक्स्थ सेंस) भी कहा जाता है। समूची सृष्टि/प्राकृतिक रचना में सिर्फ मनुष्य ही ऐसा विकसित प्राणी है, जिसके पास पाँच इंद्रियों—कान (श्रवण), आँख (दृष्टि), त्वचा (स्पर्श), नाक (गंध) व जीभ (स्वाद) के अलावा यह छठी इंद्रिय भी है और यही दिव्यदृष्टि धनवानों को वित्तीय अंतर्ज्ञान देती है, जिसकी शक्ति से वे अपने भाग्य के सितारे को चमकाते हैं और सफलताएँ उनके कदम चूमती हैं और बाकी दुनिया समझती है कि वे दूसरे लोक (स्वर्गलोक) के निवासी हैं, विशिष्ट जमात के हैं। जी हाँ, प्रकृति ने आप में भी वह दिव्य-दृष्टि की शक्ति दी हुई है, लेकिन अभी तक आप अपनी उस ताकत को पहचान नहीं सके हैं और जब तक आपको अपनी उस महान् ताकत का अहसास नहीं हो जाता, तब तक आप उसे विकसित बनाने की कोशिश कैसे कर पाएँगे और फिर उसका उपयोग कर अपना भाग्य चमकाने का तो सवाल ही नहीं उठता।

हार जाने से कठिन नहीं है सफलता

अधिकांश लोगों के लिए असफलता जीवन का एक तरीका बन गई है। इसका मनोवैज्ञानिक प्रभाव ज्यादा प्रभावी होता है और असफलता ऐसी जिद्दी आदत बन जाती है, जिससे व्यक्ति को मुक्त कर पाना बहुत ही मुश्किल हो जाता है। असल में, यह हीन भावना भी व्यक्ति विशेष के

सामाजिक अनुकूलन (सोशल कंडीशनिंग) का नतीजा है, जो उसे अपने जीवन से ज्यादा कुछ उम्मीद करने की आदत ही विकसित नहीं होने देती। लेकिन अमीर बन पाने के क्रम में हमें यह तथ्य भी स्वीकार करना पड़ेगा कि सफलता मूल रूप से असफलता से ज्यादा कठिन नहीं है। यह बस, एक अलग तरह का मानसिक कार्यक्रम-निर्माण (मेंटल प्रोग्रामिंग) भर ही है; लेकिन इसके आभाव में हम अवचेतन मस्तिष्क के संकेतों को समझ नहीं पाते हैं।

जरा सोचिए, कहीं ,असफलता कई जटिल परिस्थितियों के घालमेल का नतीजा तो नहीं है? ध्यान दीजिए, ऐसा क्या होता है कि हर बार जब भी आप कुछ करने की कोशिश करते हैं, निशाना चूक जाता है; आप सही सुनहरे मौके छोड़ देते हैं; आप उन लोगों से मिलने जाते हुए रुक जाते हैं; जो सचमुच में सफलता की सीढ़ियाँ चढ़ने में आपकी मदद कर सकते हैं, सचमुच में सार्थक नतीजे ला सकनेवाले विचारों में से हरेक को आप बेकार समझ लेते हैं और अंततः आपको बार-बार वही काम दोहराने को उकसा देते हैं, जो हार की तरफ ले जाते हैं। तो अब आप भी इस बात से सहमत हो सकेंगे कि हारना भी सचमुच में एक तरह की उपलब्धि ही है? यदि ऐसा न होता तो आप बार-बार हार को बरदाश्त कैसे कर पाते? जी हाँ, आपका अवचेतन मन हार को भी स्वाभाविक मानता है और वहीं से आपको हार जाने की कठिन प्रक्रिया को और फिर हार की मार को झेल पाने की ताकत देता है। यानी आपमें हार को बरदाश्त कर पाने की भरपूर क्षमता है। यही कारण है कि आप बार-बार हारकर भी सफल होने की कोशिश करते हैं। तो हुई न हार भी उपलब्धि।

खैर, हम अगले अध्याय में विस्तार से चर्चा करेंगे कि सफलता हासिल करने में अवचेतन मन किस तरह से अहम भूमिका अदा करता है। फिलहाल हम उन कारणों, जो असल में बहाने ही हैं, की तह में जाकर विश्लेषण करेंगे, जो लोगों को यह विश्वास करने से रोकते हैं कि वे धनी हो सकते हैं। इससे आपको हमारी बातों के भावार्थ को समझने में मदद मिलेगी।

पुराने दिन सचमुच में अच्छे थे क्या?

यह घिसा-पिटा बहाना आप पता नहीं कब से सुनते आ रहे हैं और अभी भी सुनते होंगे कि पुराने दिनों में सफल होना ज्यादा आसान था। वे अच्छे दिन थे। हकीकत ठीक इसके उलट है कि अमीर बन पाना लगातार ज्यादा आसान होता रहा है और आगे यह ज्यादा होता जाएगा। असल में, दुनिया के बहुत बड़े हिस्से ने अपना यह व्यक्तिगत मत ही बना लिया है कि पुराने दिन ज्यादा बेहतर थे। उन्होंने अपनी जड़ता (निकम्मेपन) को उचित ठहराने के लिए इस मत को मानसिक औजार जैसा बना लिया है और इसके जरिए वे अपनी असफलता को अनजाने में ही बढ़ावा देते रहते हैं। इस धारणा के उलट, सच्चाई यह है कि अब करोड़पति बननेवालों की खबर सिर्फ अमेरिका, यूरोप या अन्य पश्चिमी देशों की विशेषता नहीं रही, एशियाई देशों में भी करोड़पतियों-अरबपतियों की संख्या लगातार बढ़ती जा रही है। सबसे बड़ी बात यह है कि इनमें से अधिकांश ने अपने ही दम पर अपना सौभाग्य लिखा है; और अब तो दुनिया भर में युवा करोड़पतियों की संख्या भी तेजी से बढ़ रही है।

वैश्विक संपत्ति क्षेत्र का अध्ययन करनेवाली संस्था 'न्यू वर्ल्ड वेल्थ' के ताजा सर्वेक्षण (7 अगस्त, 2014 को जारी) के मुताबिक, धनवानों की संख्या के मामले में भारत दुनिया में आठवें स्थान पर आ चुका था और भारतीय बहु-करोड़पति (मल्टी मिलियनेयर) की संख्या 14,800 हो चुकी थी। हाँ, सबसे ज्यादा 2,700 बहु-करोड़पतियों के साथ मुंबई भारत में पहले स्थान पर था। इस सर्वेक्षण के मुताबिक, जून 2014 तक दुनिया में कुल 4,95,000 बहु-करोड़पति थे, जिनमें अमेरिका (1,83,500) पहले स्थान पर था। चौंकने की जरूरत नहीं, 26,600 बहु-करोड़पतियों के साथ चीन इस सूची में दूसरे स्थान पर पहुँच गया था। जर्मनी (25,400) तीसरे स्थान पर था तो कभी दुनिया पर राज करनेवाला यूनाइटेड किंगडम (21,700) चौथे; पर इस सूची में जापान (21,000) पाँचवें, स्विट्जरलैंड (18,300) छठे, हांगकांग (15,400) सातवें, रूस (11,700) नौवें और ब्राजील (10,300) दसवें स्थान पर था।

लेकिन 729 करोड़ (6 फरवरी, 2015) लोगों की इस दुनिया में सिर्फ 0.68 फीसदी लोग ही बहु-करोड़पति हैं। यही कारण है कि दुनिया की अधिकांश आबादी को मुट्ठी भर लोगों की जमात विशिष्ट व सौभाग्यशाली नजर आती है; लेकिन हकीकत यह है कि हर रोज सैकड़ों लोग करोड़पति बन रहे हैं और उनकी संख्या लगातार बढ़ती जा रही है। उपर्युक्त सर्वेक्षण के मुताबिक विश्वव्यापी आर्थिक मंदी के चलते वर्ष 2007 से 2013 तक नए करोड़पतियों की औसत सालाना वृद्धि दर सिर्फ 8 फीसदी ही रही; लेकिन अगले 10 वर्षों (2013 से 2023) में यह दर 28 फीसदी रहेगी। यानी दुनिया भर में हर साल औसतन 1,38,600, यानी रोजाना औसतन 379 लोग नए बहु-करोड़पति बनेंगे।

अब अमीर बन पाना ज्यादा आसान है

उपर्युक्त अध्ययन से बहुत साफ है कि अमीर बन पाना लगातार आसान होता जा रहा है, जबकि अभी भी पुराने अच्छे दिनों को आसान माननेवाले बहुत ज्यादा हैं। ऐसे लोग तर्क देते हैं (खुद की अकर्मण्यता व नाकामी को जायज ठहराने के लिए) अब पहले के मुकाबले प्रतिस्पर्धा काफी बढ़ गई है, जिसके चलते कारोबार का सफल हो पाना बेहद मुश्किल हो गया है। हकीकत यह है कि पिछले पाँच वर्षों (2009 से 2014) की घोर आर्थिक मंदी के बावजूद दुनिया भर में अरबपतियों की संख्या दोगुनी से भी ज्यादा बढ़कर 1,646 हो गई थी। (सारणी देखें)

वर्ष	अरबपतियों की संख्या	समूह का संयुक्त शुद्ध मूल्य (नेट वर्थ)
2000	470	$898 अरब
2001	538	$18 खरब
2002	497	$15 खरब
2003	476	$14 खरब
2004	587	$19 खरब

2005	691	$22 खरब
2006	793	$26 खरब
2007	946	$35 खरब
2008	1, 125	$44 खरब
2009	793	$24 खरब
2010	1, 011	$36 खरब
2011	1, 210	$45 खरब
2012	1, 226	$46 खरब
2013	1, 426	$54 खरब
2014	1, 645	$64 खरब
स्रोत : फोर्ब्स.कॉम		

हाँ, आर्थिक सहयोग व विकास संगठन (ओ.ई.सी.डी.) जैसी अंतरराष्ट्रीय आर्थिक संस्थाओं के लिए यह चिंता का विषय जरूर है कि वर्ष 1820 के बाद से 2014 में वैश्विक आर्थिक असमानता अपने सबसे खराब स्तरों पर चली गई थी। इसे अमेरिकी पूँजीवाद का क्रूर नतीजा बताया जा रहा है और इस खाई को पाटने के लिए दुनिया भर के अर्थशास्त्री माथापच्ची कर रहे हैं। निश्चित तौर पर यह 21वीं सदी की दुनिया के लिए बहुत बड़ी चुनौती है और इस असमानता को खत्म करने के लिए हर संभव उपाय किए जाने की जरूरत है। (अगले अध्याय में पढ़ें, मुश्किलों को हरानेवाले प्रसिद्ध कारोबारियों की मार्मिक कहानियाँ।)

धनवान् नहीं बन पाने के बहाने

अब कैसा महसूस कर रहे हैं आप? क्या आपको लगता है कि यदि विपरीत परिस्थितियों में पैदा हुए वे लोग अपार सफलता व धन के स्वामी हो सकते हैं तो आप क्यों नहीं? क्या आपको ये कहानियाँ प्रेरित करती हैं? तो फिर दिक्कत क्या है? बस, शुरू हो जाइए। लेकिन उससे पहले कुछ दिलचस्प अड़चनों, जो असल में सिर्फ बहाना ही हैं, की चर्चा करना भी जरूरी है।

नन्ही चींटी जब दाना लेकर चलती है,
चढ़ती दीवारों पर, सौ बार फिसलती है।
मन का विश्वास रगों में साहस भरता है,
चढ़कर गिरना, गिरकर चढ़ना न अखरता है।
आखिर उसकी मेहनत बेकार नहीं होती,
कोशिश करनेवालों की कभी हार नहीं होती।
डुबकियाँ सिंधु में गोताखोर लगाता है,
जा-जाकर खाली हाथ लौटकर आता है।
मिलते नहीं सहज ही मोती गहरे पानी में,
बढ़ता दुगुना उत्साह इसी हैरानी में।
मुट्ठी उसकी खाली हर बार नहीं होती,
कोशिश करनेवालों की कभी हार नहीं होती।
असफलता एक चुनौती है, इसे स्वीकार करो,
क्या कमी रह गई, देखो और सुधार करो।
जब तक न सफल हो, नींद-चैन को त्यागो तुम,
संघर्ष का मैदान छोड़कर मत भागो तुम।
कुछ किए बिना ही जय-जयकार नहीं होती,
कोशिश करनेवालों की कभी हार नहीं होती।

—हरिवंशराय बच्चन
(प्रसिद्ध हिंदी कवि)

सार-संक्षेप

- **विश्वास करें कि आप सफल होंगे**—खुद पर भरोसा करें। यह अपनी पहले की बेबुनियाद धारणाओं को हटाकर सकारात्मक सोच लाने की कोशिश करने से संभव होगा। जाहिर है, बाधाएँ आएँगी, उन्हें तो आना ही है; लेकिन आपको पूरे जुनून से अपने काम में जुटे रहना पड़ेगा— एक बार नहीं, कई बार नहीं, बल्कि लगातार

मैं तो अभी युवा हूँ—यदि आप युवा हैं तो आपको ऐसा लग सकता है कि अभी तो मैं युवा हूँ, अभी तो मेरे मौज-मस्ती के दिन हैं, आगे कमाने के दिन बहुत पड़े हैं। अभी मेरे पास धनी बनने के लिए पर्याप्त अनुभव नहीं है…आदि। फिर आपके हाथों में यह किताब क्यों? कोई कहानी, उपन्यास या फिर मधुर कथाएँ पढ़कर आनंद उठाते अपना समय बिताते? जाहिर है कि अवचेतन मन आपको जगा रहा है कि "उठो, जागो और तब तक न रुको, जब तक कि अपने लक्ष्य को प्राप्त न कर लो।" जी हाँ, यह स्वामी विवेकानंद का प्रसिद्ध वचन है। हो सकता है, आपने यह कथन कभी कहीं पढ़ा हो। घबराएँ नहीं, 30 साल से कम उम्र में धनी होनेवालों की सूची भी काफी लंबी है।

एप्पल के सह-संस्थापक स्टीव जॉब्स सिर्फ 23 साल की उम्र में पहले 10 लाख डॉलर के स्वामी बन चुके थे। 'जुरासिक पार्क', 'इंडिआना जोंस' जैसी फिल्मों के प्रतिभाशाली निर्देशक 35 साल की उम्र में अरबपति बन चुके थे। मार्च 2014 में 'फॉर्ब्स' सूची के कुल 1,645 अरबपतियों में 40 वर्ष से कम उम्र के 31 युवा शामिल थे।

पेरेन्ना केई (लोगान संपत्ति होल्डिंग्स, 24 वर्ष, 1.3 अरब डॉलर), डस्टिन मोस्कोवित्ज (पूर्व फेसबुक कर्मचारी, 29 वर्ष, 6.8 अरब डॉलर), मार्क जुकरबर्ग (फेसबुक संस्थापक, उम्र 29 वर्ष, शुद्ध मूल्य 28.5 डॉलर), एंटोन काथरेइन जूनियर (काथरेइन वेरके एजी, 29 वर्ष, 1.35 डॉलर), ड्रियू ह्यूस्टन (ड्रापबॉक्स, 30 वर्ष, 1.3 अरब डॉलर), अल्बर्ट वॉन थूर्ण उंड टैक्सी (राजकुमार, 30 वर्ष, 3.8 अरब डॉलर), स्कॉट डंकन (एंटरप्राइज प्रोडक्ट्स पार्टनर्स, 31 वर्ष, 6.3 अरब डॉलर), एडुअर्डो सवेरिन (फेसबुक सह-संस्थापक, 31 वर्ष, 4.31 अरब डॉलर), यांग हुई यान (कंट्री गार्डन, 32 वर्ष, 6.9 अरब डॉलर), फहद हरीरी (मारे गए लेबनानी प्रधानमंत्री रफीक हरीरी के सबसे छोटे पुत्र, 33 वर्ष, 1.2 अरब डॉलर), मैरी बेसनिएर बेऔवलोट (लाक्टालिस, 33 वर्ष, 2.7 अरब डॉलर), सीन पार्कर (नैप्स्टर संस्थापक व पूर्व फेसबुक अध्यक्ष, 34 वर्ष, 2.4 अरब डॉलर), जूलिया

ओएटकर (डा' ऑगस्ट ओएटकर केजी, 35 वर्ष, 1.65 अरब डॉलर), रॉबर्ट पेरा (उबिक्विटी नेटवर्क, पूर्व एप्पल कर्मचारी, 35 वर्ष, 2.7 अरब डॉलर), अयमान हरीरी (सऊदी ओगेर के संचालक, मारे गए लेबनानी प्रधानमंत्री रफीक हरीरी के पुत्र, 35 वर्ष, 1.2 अरब डॉलर), नरुआत्सू बाबा (कोलोप्ल-स्मार्टफोन गेम, 36 वर्ष, 2.2 अरब डॉलर), वोन बॉएर (बॉएर मीडिया ग्रुप, 36 वर्ष, 3.5 अरब डॉलर), लॉरेंस हो (मेलको क्राउन एंटरटेनमेंट, 36 वर्ष, 3 अरब डॉलर), योशिकाजु तनाका (ग्री-सोशल नेटवर्किंग गेम, 37 वर्ष, 1.3 अरब डॉलर), एलेजेंड्रो सैंटो डोमिंगो डाविला (क्वाड्रेंट कैपिटल एडवाइजर्स, 37 वर्ष, 11.1 अरब डॉलर), जैक डोरसे (ट्विटर, 37 वर्ष, 2.2 अरब डॉलर), जन कोउम (व्हाट्सएप्प, 38 वर्ष, 6.8 अरब डॉलर), निकोलस वुडमैन (गोप्रो, 38 वर्ष, 1.3 अरब डॉलर), चेज कोलमैन-III (टाइगर ग्लोबल मैनेजमेंट, 38 वर्ष, 1.6 अरब डॉलर), युसाकू मएजावा (ज़ोजोटाउन, 38 वर्ष, 1.25 अरब डॉलर), राहेल ब्लोचेर (ईम्स-चेमिए, 38 वर्ष, 2.9 अरब डॉलर), जॉन अर्नोल्ड (सेंटौरस एडवाइजर्स, 39 वर्ष, 2.9 अरब डॉलर), जोन ओरिंगर (शटरस्टॉक, 39 वर्ष, 1.35 अरब डॉलर), लिऊ किआंगडोंग (जेडी.कॉम, 39 वर्ष, 2.7 अरब डॉलर), रयान कावानॉग (रिलेटिविटी मीडिया, 39 वर्ष, 1 अरब डॉलर), मिरीअम ब्लोचर (39 वर्ष, 1.1 अरब डॉलर)।

मेरी उम्र काफी हो चुकी है—यदि आप 50 वर्ष के पार हो गए हैं और आपको लग रहा है कि मेरी उम्र काफी हो चुकी है, अब धनी बनने की कोशिश करना उचित नहीं है, तो आपको एक बार नए सिरे से सोचने की जरूरत है। बहुराष्ट्रीय फास्ट फूड चेन मैकडोनाल्ड्स के मूल संस्थापक भाइयों रिचर्ड व मौरिस मैकडोनॉल्ड भी बुढ़ापा-मानसिकता के शिकार होने से नहीं बच सके थे। वे कठोर मेहनत से सैन बर्नार्डिनो (कैलिफोर्निया) के बड़े धनवानों में शुमार तो हो गए, लेकिन उम्मीद से बड़ी कामयाबी ने उन्हें आत्मसंतुष्ट बना दिया। ऐसा ही अधिकांश लोगों के साथ होता है, जब वे सफलता के अपने ही मूल मंत्र लगातार कठोर मेहनत को छोड़कर

आराम को ही जीवन की असल उपलब्धि मानने की गलती दोहराने लगते हैं। मैकडोनॉल्ड भाइयों की अपनी कोई संतान नहीं थी और वे यह सोचने लगे थे कि इससे ज्यादा किसके लिए कमाना? सरकार को आयकर (इन्कम टैक्स) देने के लिए क्यों मेहनत करें? नतीजा क्या हुआ?

करीब 52 साल के रे क्रोक ने मैकडोनॉल्ड-भाइयों के सौभाग्य का ताज झपट लिया, उस हालत में जबकि वह मधुमेह व गठिया से ग्रसित थे। पित्ताशय का ऑपरेशन करवा चुके थे और फिर 80 वर्ष की उम्र को पार कर जाने के बावजूद देहांत से पहले तक खुद को लगातार व्यस्त बनाए रखा था। 14 जनवरी, 1984 को जब क्रोक की मृत्यु हुई थी, उससे पहले ही (31 दिसंबर, 1983 तक) दुनिया के 32 देशों में 7,778 मैकडॉनल्ड्स रेस्तराओं की विशाल शृंखला स्थापित हो चुकी थी, जो 31 मार्च, 1984 तक 7,819 हो गई थी और समूह का कुल राजस्व 2.20 अरब डॉलर के स्तर पर पहुँच गया था। 2013 में दुनिया के 119 के 35 हजार से अधिक रेस्तराओं में मैकडॉनल्ड्स कॉरपोरेशन रोजाना औसतन 6.80 करोड़ ग्राहकों की सेवा कर करीब 28.11 अरब डॉलर के कारोबार पर 5.58 अरब डॉलर का मुनाफा अर्जित कर रहा था।

क्रोक कहा करते थे कि *''जब तक आप हरे हैं, आप बढ़ रहे होते हैं; ज्यों ही आप पक जाते हैं, आप सड़ना शुरू हो जाते हैं।''* उन्होंने अपने इस जीवन-दर्शन को अंतिम साँसों तक अपनाए रखा था, जो अब भी दुनिया भर के उम्र-दराज लोगों के लिए प्रेरक वाक्य बना हुआ है।

व्यक्तिगत सफलता साहित्य के आधुनिक शैली के विश्व-प्रसिद्ध लेखक नेपोलियन हिल ने हजारों धनवानों के सर्वेक्षण के बाद यह तथ्य स्थापित किया था कि अधिकांश लोगों ने 40 वर्ष की उम्र के बाद ही धनी बनने का सिलसिला शुरू किया था। लिहाजा आप में से जिन्होंने भी अपने सौभाग्य का अनुभव किया है, उन्हें निराश होने की कोई जरूरत नहीं है। हो सकता है कि आप अपने पहले की कोशिशों की फसल अब काटने जा रहे हों। यदि आप शारीरिक रूप से कमजोर हों या किसी बीमारी के शिकार हों तो भी रे क्रोक से प्रेरणा ले सकते हैं।

मेरे पास पूँजी नहीं है—आपने अकसर लोगों को यह कहते सुना होगा कि मेरे पास पूँजी नहीं है। अपना कारोबार शुरू करने की उम्मीद करनेवाले अधिकांश लोगों को पूँजी का अभाव ही सबसे बड़ी रुकावट लगता है; लेकिन आपने इसी अध्याय में उन 15 लोगों की कहानियाँ पढ़ी हैं, जिनके पास अपने पेशेवर जीवन की शुरुआत के समय फूटी कौड़ी भी नहीं थी। हकीकत यह है कि कारोबारी सफलता हासिल करनेवाले अधिकांश लोगों के पास दो ही चीजें थीं—अच्छा व्यापार विचार और सकारात्मक मानसिक दृष्टिकोण। वे इसी के सहारे आगे बढ़े और पूँजी का जुटान होता चला गया।

आपने अपने आसपास रोजाना कई कारोबारों को ध्वस्त होते देखा होगा। तह में जाएँगे तो पता चलेगा कि उनके पास पूँजी तो उपलब्ध थी, लेकिन सबसे जरूरी दो बातें नहीं थीं—उनके पास न तो कारोबार का अपना कोई विचार था और न ही वे अपनी गलतियों से सीखने को तैयार थे। ऐसे अधिकांश लोग आत्ममुग्ध होते हैं। उन्हें अपनी गलतियाँ नजर नहीं आतीं और वे अपनी तरफ उँगली उठानेवाले या उचित सलाह देनेवालों को गलत ठहराने की कोशिश करते हैं। नतीजतन यदि किसी गलती से एक बार पूँजी डूबती है तो ऐसे लोग कर्ज के गर्त में ही डूबते चले जाते हैं।

मैं शिक्षित नहीं हूँ—थॉमस एडिसन ने 16 साल से पहले ही विद्यालय छोड़ दिया था। बिल गेट्स (माइक्रोसॉफ्ट), स्टीव जॉब्स (एप्पल), लैरी एलिसन (ओरेकल), मार्क जुकरबर्ग (फेसबुक) सहित तमाम तकनीकी दिग्गजों ने विश्वविद्यालय की पढ़ाई बीच में छोड़ दी थी; लेकिन सभी अपने-अपने क्षेत्रों के तकनीकी व कारोबारी महारथी बन गए। लिहाजा, विश्वविद्यालय की डिग्रियाँ ही कारोबारी सफलता की गारंटी नहीं हैं।

मेरे पास कोई विशेष प्रतिभा नहीं है—कई सफल लोगों में अपने पेशेवर जीवन की शुरुआत में कोई विशेष प्रतिभा नजर नहीं आती थी। उनके बारे में यह अनुमान लगाना मुश्किल था कि वे भविष्य में इतने धनवान् व प्रसिद्ध बन जाएँगे। गेटी ऑयल कंपनी के संस्थापक जीन पॉल गेटी को

वर्ष 1966 गिनीज बुक ऑफ रिकॉर्ड्स ने 1.2 अरब डॉलर (2014 के 8.7 अरब डॉलर के बराबर) दुनिया का सबसे अमीर निजी नागरिक घोषित किया था और 1972 में मृत्यु के समय उनका शुद्ध मूल्य 2 अरब डॉलर (2014 के 8.30 अरब डॉलर के बराबर) था। वह अकसर कहा करते थे, मैं बिल्कुल निश्चित तौर पर जन्मजात व्यापारी नहीं था।''

लेकिन अधिकांश लोग अपनी असफलता का ठीकरा खुद में विशेष प्रतिभा के अभाव पर फोड़ते देखे जा सकते हैं। दिलचस्प बात यह है कि वे दूसरों की सफलता को भी जन्मजात प्रतिभा का नतोजा बताते हैं—'मेहनत तो मैंने भी कम नहीं की थी, लेकिन उस पर तो जन्म से ही भगवान् की कृपा रही है।' इस तरह अपनी गलती स्वीकारने, दूसरों की लगन व मेहनत की प्रशंसा करने, सफल होने के गुर सीखने की बजाय असफल व्यक्ति अपने भाग्य को ही दोषी साबित करने की कोशिश करते हैं कि ईश्वर ने उसे कोई खास गुण नहीं दिया।

जबकि हकीकत यह है कि प्रकृति ने न केवल इनसानों को, बल्कि हरेक प्राणी को खास गुण से संपन्न किया है। मनुष्य तो अन्य सभी प्राणियों में श्रेष्ठ है, ज्यादा गुणों के साथ पैदा हुआ है और किसी में कोई-न-कोई विशेष गुण तो होता ही है। बस, हर सफल व्यक्ति अपनी इसी विशेषता को पहचान लेता है, उसे लगातार निखारता है, अपनी कमियों को दूर करता है और सफलता की सीढ़ियाँ चढ़ता चला जाता है। अपने आसपास नजर घुमाइए, आपको हर सफल व्यक्ति में एक खास विशेषता नजर आएगी और उसकी तह में जाएँगे तो आपको पता चलेगा कि उसने अपने गुण को सफल बनाने की लगातार कितनी कोशिशें की हैं।

अब जरा एप्पल के संस्थापक स्टीव जॉब्स की इन उक्तियों को ध्यान से पढ़िए और उसके अंदर के भाव को समझने की कोशिश कीजिए—

''पिछले 33 वर्षों से मैंने हर सुबह आईने में देखा है और अपने आप से पूछा है—यदि आज मेरी जिंदगी का आखिरी दिन हो तो क्या मैं वह करना चाहूँगा, जो मैं आज करने जा रहा हूँ? ...और जब कभी भी

कई दिनों तक बार-बार जवाब ना में रहा तो मुझे लगता है कि मुझे कुछ बदलने की जरूरत है।''

आपका काम आपके जीवन के बड़े हिस्से को भरने वाला है और सही मायने में संतुष्ट होने के लिए एक ही रास्ता है कि आप वह करें, जिसे आप महान् काम समझते हैं; और आप जो करते हैं, उसे प्यार करना ही महान् काम करने का एकमात्र रास्ता है। यदि आपको अभी तक यह नहीं मिला है तो तलाश करते रहें, समझौता न करें। दिल के सभी मामलों की तरह जब आप इसे खोज लेंगे, आपको पता चल जाएगा।

मेरे पास उतनी ऊर्जा नहीं है—हाथ-पर-हाथ रख कर सफलता की कामना करनेवाले को जब सफल साबित हो चुके लोगों को नजदीकी से देखने-परखने का मौका लगता है तो वे उनके काम करने की क्षमता से घबरा उठते हैं—क्या सफल होने के लिए इतनी ऊर्जा की जरूरत होती है? यह सच्चाई है। ऊर्जा के स्तर का अंतर ही किसी को सफल और किसी को असफल बनता है। हर काम को करने के लिए हमें एक निश्चित मात्रा में ऊर्जा की जरूरत पड़ती है—मानसिक व शारीरिक ऊर्जा। दोनों की कम जीवन-शक्ति निश्चित तौर पर कम उत्साह पैदा करती है।

तो क्या हर किसी में अलग-अलग जीवन-शक्ति होती है? क्या यह एक तरह का दुष्चक्र है, जिससे निकल पाना संभव नहीं है? अधिकांश लोगों को यही दीखता है, क्योंकि वे अपनी जीवन-शक्ति का अनुभव ही नहीं कर पाते हैं और जब आपको अपने अंदर की आग (ताकत) का एहसास ही नहीं है तो फिर उसे हवा देकर भड़काएँगे कैसे? असल में, हर मनुष्य के भीतर अपार जीवन-शक्ति का भंडार है। आप हर रोज मनुष्य को अजूबा करते हुए देखते हैं। बहुत हद तक कंप्यूटर मनुष्य के मस्तिष्क की तरह काम करता है; लेकिन क्या कंप्यूटर की हार्ड डिस्क की तरह आपका मस्तिष्क कभी यह सूचित करता है कि वह फुल हो गया है? क्यों? इसलिए कि कंप्यूटर की क्षमता सीमित है और मस्तिष्क की असीमित।

आप किसी पहलवान की तुलना किसी विद्वान् से करके देखिए।

एक की शारीरिक शक्ति ज्यादा है तो दूसरे की मानसिक शक्ति। आखिर विद्वान् शारीरिक रूप पहलवान जैसा क्यों नहीं है और पहलवान मानसिक रूप से विद्वान् जैसा क्यों नहीं? आपको स्पष्ट हो गया होगा कि मनुष्य में शारीरिक ताकत भी है और मानसिक भी। जो जिस शक्ति को उन्नत बनाने की कोशिश करता है, उसकी वह ताकत उभरकर सामने आ जाती है। इससे यह साबित होता है कि हम अपनी उचित कोशिश कर के शरीर की ताकत बढ़ा सकते हैं और मस्तिष्क की भी।

लेकिन इससे भी अलग एक शक्ति है, जिसे आत्म-शक्ति (आत्मा की शक्ति) या जीवन-शक्ति कहते हैं। इसके बारे में हम शुरू में थोड़ी चर्चा कर चुके हैं और आगे विस्तार से करेंगे; लेकिन यहाँ समझने की जरूरत यह है कि हमें कोई खास चीज अच्छी लगती है तो दूसरे को कुछ और। हर किसी को हर काम अच्छा नहीं लगता। तो आपको स्वाभाविक रूप से क्या अच्छा लगता है? यही आपका स्व (अपना) भाव है और यह भाव ही आपकी जीवन-शक्ति है। इसको शांत-चित्त से परखने की कोशिश कीजिए और धीरे-धीरे उसका पोषण करनेवाला काम करते जाइए। आपको खुद एहसास होगा—अरे, मैं अपनी इसी ताकत को तो ढूँढ़ रहा था और जब यह पता चल जाए तो अपने मन को भटकने मत दीजिए, लगे रहिए। आपको हर दिन अपनी सफलता की राह ज्यादा साफ नजर आने लगेगी। इसी को साधारण अर्थों में जीवन-शक्ति का जागरण कहते हैं।

हर किसी की सफलता के पीछे इसी की शक्ति है। इस तरह शरीर व मस्तिष्क की ताकत आत्मा की ताकत के पीछे-पीछे चलती है। इस तरह आपकी तीनों शक्तियाँ एकजुट होती चली जाएँगी और फिर आप जो भी करेंगे, वह सफल होगा। यही बात तो स्टीव जॉब्स भी अपनी दोनों उक्तियों में कहने की कोशिश कर रहे हैं। आप जिस भी काम को प्यार से करते हैं, वही महान् बन जाता है। अब आपको यह टटोलने की जरूरत है कि क्या आप सचमुच वही कर रहे हैं, जिसे आप सबसे ज्यादा चाहते हैं? यदि हाँ, तो सफलता आगे पास ही है और यदि नहीं, तो आपको अपना पसंदीदा

काम शुरू करना होगा। इस काम में आप जितनी देरी करेंगे, सफलता भी उतनी ही दूर होती चली जाएगी।

असफलता से डर लगता है—हम दो प्रकार के डर के साथ पैदा हुए हैं—गिर जाना व चीख-पुकार। अन्य सभी प्रकार के डर हमने खुद ही पाल लिये हैं। अपनी अपार बौद्धिक क्षमता हासिल वैज्ञानिक शक्ति की बदौलत मनुष्य विकराल प्राकृतिक आपदाओं से भी मुकाबला करने में नहीं डरता है। लेकिन विडंबना यह है कि उसे सबसे ज्यादा डर अपनी असफलता से ही लगता है। यह डर इतना प्रभावशाली है कि ज्यों-ज्यों मानव समाज आधुनिक हो रहा है, उसके शिकार लोगों का दायरा उतना ही व्यापक होता जा रहा है। ऐसा क्यों हो रहा है? समाज का एक बड़ा हिस्सा असफल मानसिकता का शिकार क्यों होता जा रहा है?

तह में जाएँ तो साफ होता है कि तमाम आनुवंशिक गुणों-अवगुणों के साथ-साथ असफलता की मानसिकता भी विरासत के रूप में दूसरी पीढ़ी में स्थानांतरित होती रही है। व्यावहारिक जीवन का ज्ञान देने के नाम पर हमारा परिवार व समाज जाने-अनजाने अगली पीढ़ी के नाजुक मस्तिष्क में असफलता का डर भरता चला जाता है। नतीजतन जब हम शिक्षित होकर अपनी जिंदगी को स्वतंत्र रूप से जीना शुरू करते हैं तो यही डर तरक्की की हर कोशिश के समय हमारी टाँगें खीच लेता है। जी हाँ, असफलता का डर हमारी सोच की बुनियाद का हिस्सा बना हुआ है। जिस तरह मकान को ध्वस्त किए बिना नींव के दोष को दूर कर पाना संभव नहीं है, उसी तरह मनुष्य की सोच की जड़ में घुसे हुए असफलता के डर को निकालने की कोशिश करना भी अपने मौजूदा जीवन-भवन को ध्वस्त करने जैसा भीषण काम है। जिस तरह वायरस संक्रमित सॉफ्टवेयर की समूची कार्य-प्रणाली को ग्रसित कर लेता है, ठीक उसी तरह असफलता की मानसिकता भी हमारे मानसिक विकास की स्वाभाविक प्रक्रिया को बंद कर देती है। तो इसका इलाज क्या है? क्या कंप्यूटर के विकृत सॉफ्टवेयर की तरह मनुष्य की मानसिकता को भी बदल पाना संभव है?

संभव तो है, लेकिन यह प्रक्रिया कंप्यूटर सॉफ्टवेयर बदलने की तरह आसान नहीं है, क्योंकि मानसिक सोच को बदलनेवाले सॉफ्टवेयर की कोई तैयार प्रतिलिपि नहीं है और न ही मनुष्य का शरीर कंप्यूटर हार्डवेयर जैसा निर्जीव मशीन है कि बिना मशीन की मरजी के उसमें हार्ड ड्राइव के जरिए लक्षित सॉफ्टवेयर स्थापित कर दिया जाए। हाँ, कंप्यूटर व मानव मस्तिष्क की प्रक्रिया एक जैसी ही है। कंप्यूटर प्रणाली भी तर्कशक्ति पर ही आधारित है, इसलिए जिस तरह नए कंप्यूटर सॉफ्टवेयर की रचना व विकास अत्यंत जटिल प्रकिया है, उसी तरह से मानव मस्तिष्क के सॉफ्टवेयर यानी तर्कशक्ति संरचना को पुनर्गठित करना भी। इस विषय पर आगे विस्तार से चर्चा होगी। फिलहाल इतना समझना जरूरी है कि हम यह समझें कि हमारे मस्तिष्क का सॉफ्टवेयर संक्रमित हो गया था और उसे दोष-रहित बनाने की जरूरत है। फिर आप स्वयं भी अपने मानसिक दोष को सुधार सकते हैं या फिर पुस्तक या विशेषज्ञ की सलाह के सहयोग से।

अन्य बहाने—सफलता की राह बहुत मुश्किल नहीं है, लेकिन हमारी पूर्व धारणाओं ने उसे काफी जटिल बना रखा है। जैसे—मैंने जो भी किया, सब असफल हो गया। अब सवाल उठता है कि क्या आपने सोचने की कोशिश की? आपकी कोशिशें क्यों असफल हुईं? अधिकांश लोग सही कारण नहीं बता पाते हैं। क्यों? क्योंकि वे खुद विशेषता को नहीं पहचानते और वे सारे काम करते हैं, जो असल में उनके स्वभाव का काम नहीं है। क्या आपने कभी यह महसूस किया है कि आप जो भी काम दिल से करते हैं, यानी स्वाभाविक रूप से करते हैं, वह कभी असफल नहीं होता? तो फिर नए सिरे से परखिए अपनी पुरानी गलतियों को और सिर्फ उसी रास्ते पर कदम बढ़ाइए, जो आपका दिलो-दिमाग सहजता से स्वीकार करता है। क्या आपको पता है कि स्वभाव से ईमानदार लोगों की पहली चोरी ही पकड़ ली जाती है, जबकि चोरी के माहिर लोगों को पकड़ पाना काफी मुश्किल होता है?

हमारे विश्वासों का आईना है जीवन

अपनी आर्थिक स्थितियों को सुधारने के लिए, अपनी सही नौकरी को खोजने के लिए, अपने वेतन में बढ़ोतरी के लिए, अपनी आमदनी कई गुना बढ़ाने के लिए, अपने को चुस्त-दुरुस्त व स्वस्थ बनाने के लिए आपको पूरे जुनून के साथ अपनी जिंदगी में सुधार लाने की जरूरत है। आपको खुद पर कठोरता से काररवाई करने, सटीक शिष्टाचार अपनाने तथा अपने दृष्टिकोण में आमूलचूल बदलाव करने की जरूरत है। इन सब बातों को अपने जीवन का निश्चित उद्देश्य बनाना पड़ेगा। अपने जीवन को धनवानों की तरह बनाने के लिए आपको इस तरह की दृढ़ इच्छा-शक्ति यानी जुनून को लगातार सबसे ऊपर बनाए रखना सबसे ज्यादा जरूरी है।

इसका कारण यह है कि हमारी जिंदगी हमारी मान्यताओं, धारणाओं व विश्वासों का आईना है। हम जैसा बनना चाहते हैं, उसे वैसे ही अपने जीवन में भी उतारना पड़ेगा, अन्यथा कुछ भी बदल पाना संभव नहीं है। फिर सारी बातें सिर्फ बातें ही हैं और सिर्फ बात करने से वास्तव में कोई ठोस नतीजा नहीं निकल सकता। जब आपने एक बार तय कर लिया कि आपको जीवन बदलना है तो फिर पीछे मुड़कर देखने की जरूरत नहीं है। आपको हर क्षण अपने लक्ष्य के साथ जीना पड़ेगा और जब आप अपने लक्ष्य के साथ जीना शुरू करेंगे, आपकी सारी कमियाँ दूर होती जाएँगी और जरूरी सुधार होते चले जाएँगे, जो अंततः आपके स्वभाव का हिस्सा बन जाएँगे। फिर आपको ऐसा नहीं लगेगा कि आप धनी बनने की कोशिश कर रहे हैं, बल्कि आप धनी-भाव को जीने लगेंगे।

किसी भी काम के लिए आपको अपने अंदर उद्यमी-स्वभाव को योजनाबद्ध तरीके से विकसित करना होगा। यह बिल्कुल आसान नहीं है तो मुश्किल भी नहीं है। उद्यम का मतलब होता है—कोशिश करना और कोशिश करनेवाला ही उद्यमी कहा जाता है। चाहे आप कोई कारोबार करें, आपको अपनी दूरदृष्टि स्पष्ट करनी पड़ेगी कि आखिर आप चाहते क्या हैं? और आप जो करना चाहते हैं, उसका सपना देखने से कुछ भी नहीं

होने वाला है। जैसा कि मैंने ऊपर बताया है, आपको अपनी इच्छा-शक्ति (जुनून) को उतना पक्का बनाना पड़ेगा और अपनी दूरदृष्टि को उतना स्पष्ट करना पड़ेगा कि वह आपके अवचेतन मन यानी स्वभाव का हिस्सा बन जाए और जब आप अपने स्वभाव का काम करेंगे तो फिर कोई अलग से जोर लगाकर किया जानेवाला काम नहीं लगेगा, बल्कि वह स्वतः होने लगेगा और आपको पता भी नहीं चलेगा कि आपने कुछ खास किया है।

जब ऐसा होने लगे तो समझिए कि आपका स्वभाव सचमुच उद्यमी-स्वभाव बन रहा है और ज्यों-ज्यों आप इस भाव से आगे बढ़ते जाएँगे, आपका असल लक्ष्य भी स्पष्ट होता जाएगा और उसके लिए जरूरी कुशलता हासिल करने का रास्ता भी नजर आने लगेगा। आप कदम-दर-कदम आगे बढ़ते जाएँगे और आपकी मंजिल नजदीक आती जाएगी और अंत में यात्रा ही आपकी मंजिल बन जाएगी। फिर जब आप पहली मंजिल पर पहुँचेंगे तो आपको दूसरी साफ-साफ नजर आने लगेगी। इसी तरह दूसरी, तीसरी, चौथी···आप बस, चढ़ते चले जाएँगे। फिर आपको यह बात स्वाभाविक लगेगी, लेकिन हाथ-पर-हाथ धरी बैठी दुनिया को आप खास नजर आने लगेंगे। इसी को तो कहते हैं सफलता की यात्रा। जो आगे बढ़ने की हिम्मत जुटाकर पहला कदम बढ़ा देते हैं, वे सफल होते चले जाते हैं और जो बैठे रहते हैं, बस बैठे ही रह जाते हैं।

संस्कृत का एक श्लोक है—

उद्यमेन हि सिध्यन्ति कार्याणि न मनोरथैः।
न हि सुप्तस्य सिंहस्य प्रविशन्ति मुखे मृगाः॥

अर्थात् उद्यम से ही कार्य सिद्ध होते हैं, मनोरथ से नहीं। सोए हुए सिंह के मुँह में हिरण प्रवेश नहीं करते।

बहुत स्पष्ट है कि कार्य की सिद्धि यानी लक्ष्य की प्राप्ति कार्य से संभव है, जैसे कि जंगल का राजा होते हुए भी सिंह को भी अपने भोजन के लिए उसे जगना व शिकार करना पड़ता है। जी हाँ, तभी यह उक्ति भी प्रसिद्ध है—बिना मरे स्वर्ग नहीं मिलता; अर्थात् मरने की हद तक

की मेहनत के बिना स्वर्ग जैसी समृद्धि नहीं हासिल की जा सकती और सिर्फ आपकी दृढ़ इच्छा-शक्ति या जुनून ही आपको धनवान् बनने के लक्ष्य को हासिल करने के लिए जरूरी कर्म करने के लिए प्रेरित करने में मदद कर सकता है।

अब इस तथ्य को इस लघुकथा के जरिए समझने की कोशिश कीजिए। एक दिन एक शिष्य ने अपने गुरु से कहा, ''मुझे ज्ञान प्राप्त करने का रास्ता बताइए, गुरुवर। मैं लंबे समय से इंतजार कर रहा हूँ कि आप कब हमें ज्ञान-प्राप्ति का रास्ता बताते हैं।'' गुरु को लगा था कि अब शिष्य वाकई ज्ञान-प्राप्ति के लिए व्याकुल हो रहा है। वह शिष्य को लेकर नदी में पहुँचे और उसके सिर को डुबो दिया। कुछ ही समय बाद शिष्य ने छटपटाना शुरू कर दिया और फिर एक झटके में गुरु के हाथ को झटकते हुए सिर को पानी से बाहर निकाल लिया। पानी के अंदर साँसें रुक जाने के कारण उसका चेहरा लाल पड़ गया था। वह आश्चर्य से गुरु की तरफ देखने लगा था। तब गुरु ने पूछा, ''कैसा महसूस कर रहे हो? जब तुम्हारा सिर पानी के अंदर था तो तुम्हें सबसे अधिक किस चीज की जरूरत महसूस हो रही थी?'' शिष्य ने लंबी साँसें भरकर डरते हुए जवाब दिया था, ''साँसों की।'' गुरु ने कहा, ''बिल्कुल सही। अभी साँसें लो'', लेकिन शिष्य ने आश्चर्य से गुरु की तरफ देखा था, मानो पूछ रहा हो कि लेकिन मैं तो ज्ञान का मार्ग ढूँढ़ रहा था? गुरु ने आगे कहा था, ''इसी तरह जब तुम्हें ज्ञान की भी सबसे ज्यादा जरूरत महसूस होगी, वह मिल जाएगा।''

जी हाँ, जब तक जान पर नहीं बन आती है, तब तक साँसों की जरूरत नहीं समझ आती और जब तक आप पूरी ताकत से सिर को पानी से निकाल नहीं लेते, तब तक साँसें नहीं मिलतीं।

तो आप भी ठान लीजिए और यह कविता बार-बार पढ़िए, आपको अपनी इच्छा-शक्ति को बढ़ाने में काफी मदद मिलेगी—

लहरों से डरकर नौका पार नहीं होती,
कोशिश करनेवालों की कभी हार नहीं होती।

कोशिशें जारी रखनी पड़ेंगी और उसके लिए आपको खुद से तथा अपने काम (लक्ष्य) से सचमुच में प्यार करना होगा, तभी दूसरों को भी आप पर तथा आपके काम पर भरोसा हो सकेगा और वे भी मदद के लिए हाथ बढ़ाएँगे।

- **परिस्थितियाँ अपने आप नहीं सुधरेंगी**—सफलता सोने की थाली में परोसकर नहीं मिलती। लक्ष्य हासिल करने के लिए उद्यम करना पड़ता है, शेर की तरह जंगल में निकलना पड़ता है और शिकार का पीछा करना पड़ता है। लिहाजा, आपको अपनी परिस्थितियों को चुनौती देने का साहस जुटाना होगा और लक्ष्य की दिशा में बिना संकटों की परवाह किए कदम-दर-कदम आगे बढ़ना पड़ेगा। याद रहे कि आपका हर कदम आप व सफलता के बीच की दूरी को कम करता जाता है। बड़ी छलाँग लगाने की गलती नहीं करें। अपनी पूरी ताकत से सधे कदम बढ़ाएँ। हर कदम आपको आगे का रास्ता दिखाता चला जाएगा।
- **दृढ़ इच्छा-शक्ति ही जिंदगी बदल सकती है**—सफल बनने की ललक व जुनून की आग को लगातार हवा देकर भड़काए रखें। यह आग जितनी बढ़ेगी, आप उतनी आसानी से अपने मन की बाधाओं को भस्म करते चले जाएँगे। ऐसे बहानों व बेबुनियाद धारणाओं की सूची बनाएँ, जो आपकी सफलता की राह में बाधा बनी हुई हैं। उन्हें बारीकी से पहचानें। इन दुश्मनों की पहचान किए बिना इनसे लड़ पाना संभव नहीं होगा। इन कमजोरियों की पहचान आपको अपनी ताकत का भी एहसास कराएगी और फिर हर बाधा पर विजय हासिल करते हुए आप लक्ष्य की दिशा में आगे बढ़ सकेंगे। हर सफल व्यक्ति अपनी आशंकाओं व भ्रमों को दूर करने का रास्ता निकालता है। यही कारण है कि वह खुद अपने आप पर तथा अपनी योजनाओं पर पूरा भरोसा करता है। यही कारण है कि चाहे कितना भी

विरोध हो, बाधाएँ आएँ, वे अपने लक्ष्य से भटकते नहीं हैं और दृढ़-निश्चय के साथ अपने रास्ते पर विजय-रथ को हाँकते चले जाते हैं।

- **सपने सच करने की हिम्मत जुटाएँ**—सफलता हासिल करने के लिए सपने देखना जरूरी है। यदि आप अपने सपने को पूरा करने के लिए जरूरी कदम बढ़ाने का साहस नहीं दिखाते हैं तो वह आपका असल सपना नहीं है। आपका स्वाभाविक सपना आपको उसे पूरा करने के लिए जुनूनी बना देगा और आप हर अगले कदम पर सफलता के नजदीक आने की धमक महसूस करेंगे। लिहाजा, अपने अवचेतन मन को पढ़ने की, उसकी पुकार को सुनने की कला विकसित कीजिए। अपने विश्वासों को जीवन में उतारिए और बस, आगे बढ़ते चले जाइए। सफलता आपके अपने पीछे-पीछे चलती हुई महसूस होने लगेगी।

□

2

कैसे हारीं मुश्किलें अरबपतियों से?

"आपकी वर्तमान परिस्थितियाँ निर्धारित नहीं करतीं कि आप कहाँ जा सकते हैं। वे सिर्फ यह निर्धारित करती हैं कि आप कहाँ से शुरू करें।"

—निदो कुइबेन
व्यापारी, प्रेरक वक्ता व हाई पॉइंट विश्वविद्यालय
(उत्तरी कैरोलिना, अमेरिका) के अध्यक्ष

"आपको व्यक्तिगत जिम्मेदारी लेनी चाहिए। आप परिस्थितियों, मौसम या हवा को नहीं बदल सकते हैं; लेकिन आप अपने आपको बदल सकते हैं। यही कुछ है, जिसके आप प्रभारी हैं।"

—एमानुएल जेम्स 'जिम' रोहम
अमेरिकी उद्यमी, लेखक और प्रेरक वक्ता

आर्थिक असमानता या अन्य भौगोलिक व सामाजिक परिस्थितियाँ तमाम मुश्किलें सचमुच में व्यक्ति विशेष को धनी बनने से रोक सकती हैं क्या? हाँ में जवाब देने वालों की संख्या काफी ज्यादा हो सकती है, क्योंकि दुनिया के लगभग हर समाज में इस धारणा ने अभी भी जड़ जमाई हुई है; लेकिन दुनिया में अमीर बननेवालों की संख्या में लगातार बढ़त इस धारणा को निराधार साबित करने के लिए काफी है। असल सवाल

यह है कि कुछ अमीर क्यों बन जाते हैं और अधिकतर लोग पीछे क्यों रह जाते हैं? अवसर की समानता या विपरीत परिस्थितियाँ अमीर बनने के रास्ते को कम या ज्यादा मुश्किल जरूर बना सकती हैं, किसी को सफल होने से रोक नहीं सकतीं।

दुनिया भर में इस धारणा को चुनौती देनेवालों तथा उसे गलत साबित करनेवालों की सूची काफी लंबी है; लेकिन यहाँ हम सिर्फ 15 ऐसे विश्व-प्रसिद्ध कारोबारी दिग्गजों की चर्चा करेंगे, जो कभी बिल्कुल मामूली लोग थे, लेकिन उन लोगों ने मुश्किल पारिवारिक-सामाजिक पृष्ठभूमियों के सामने घुटने नहीं टेके, बल्कि उन्हें चुनौती देकर आगे बढ़ने का साहस दिखाया; भाग्य के भरोसे हाथ-पर-हाथ धरे बैठे नहीं रहे, बल्कि कठोर मेहनत से सौभाग्य का रास्ता साफ किया; अपनी शुरुआती उपलब्धियों में मस्त नहीं हुए, बल्कि अपने को लगातार ऊँचा करते हुए कारोबार को विश्व स्तरीय मानक बना दिया और फिर सिर्फ खुद ही अरबपतियों की सूची में शामिल नहीं हुए, बल्कि धनवान् बनने की कोशिश करनेवाले दुनिया भर के कर्मठ लोगों के लिए प्रेरणा-पुरुष बन गए। पेश है उन महान् व्यक्तित्वों की संक्षिप्त कथाएँ।

बार टेंडर का बेटा केन्नी ट्राउट (1.5 अरब डॉलर)

सन् 1948 में माउंट वेरनॉन, इलिनोइस (अमेरिका) के एक साधारण परिवार में जनमे थे। ट्राउट के पिता एक मामूली बार टेंडर (शराब परोसनेवाला) थे। उन्होंने खुद जीवन बीमा बेचकर दक्षिणी इलिनोइस विश्वविद्यालय में अपनी पढ़ाई के खर्च का भुगतान किया था। उन्होंने सन् 1988 में टेक्सास में एक्सेल कम्युनिकेशंस नामक दूरसंचार कंपनी की स्थापना की थी, जो लंबी दूरी की फोन सेवा के लिए बहुस्तरीय विपणन (मल्टी लेवल मार्केटिंग) का इस्तेमाल करती थी।

सन् 1996 में कंपनी को सार्वजनिक करने के दो वर्षों बाद ट्राउट ने 3.5 अरब डॉलर के सौदे में टेलीग्लोबल (कनाडा) में उसका विलय कर दिया था, जिसे अंततः वर्ष 2005 में बी.एस.एन.एल. इंटरनेशनल

कनाडा (भारतीय टाटा समूह की टाटा कम्युनिकेशन की सहयोगी कंपनी) ने अधिगृहीत कर लिया था। ट्राउट अब विस्टर फार्म (वर्साई, केंटुकी, अमेरिका) के मालिक-संचालक के रूप में रेस के लिए घोड़े का पालन व विकास का शौकिया कारोबार करते हुए सेवानिवृत्त जीवन का आनंद ले रहे हैं। 26 अक्तूबर, 2014 को 'फोर्ब्स' ने ट्राउट का शुद्ध मूल्य 1.5 अरब डॉलर आँका था।

ट्रक चालक का बेटा हॉवर्ड शुल्त्ज (2.2 अरब डॉलर)

ब्रुकलीन (न्यूयॉर्क, अमेरिका) के गरीब लोगों के बहुमंजिला आवासीय परिसर के छोटे से घर में जीवन-यापन करनेवाले यहूदी परिवार में जनमे (19 जुलाई, 1953) हॉवर्ड शुल्त्ज के पिता पूर्व सैनिक व ट्रक चालक थे। काफी संघर्ष के बाद उन्होंने हाई स्कूल में फुटबॉल छात्रवृत्ति हासिल की थी और उसी से उत्तरी मिशिगन विश्वविद्यालय में पढ़ाई का खर्च पूरा किया था। वह अपने परिवार के पहले सदस्य थे, जो महाविद्यालय तक पहुँचने में कामयाब हो सके थे। सन् 1971 में स्नातक (व्यवसाय) के बाद उन्होंने जेरॉक्स कॉरपोरेशन में प्रशिक्षु बिक्रीकर्मी (सेल्समैन) से अपना पेशेवर जीवन शुरू किया और वर्ष 1979 में स्वीडेन की ड्रिप कॉफी मेकर एवं अन्य घरेलू उपकरण बनानेवाली कंपनी में समूचे अमेरिकी बाजार के महाप्रबंधक बन गए।

सन् 1981 में ग्राहक-मुआयने के क्रम में वे सिएटल (वाशिंगटन) के ग्राहक स्टारबक्स कॉफी कंपनी के कारोबारी प्रारूप व संभावनाओं पर इतने मोहित हो गए कि उसमें शामिल होने के लिए साझीदारों के पीछे पड़ गए। फिर जमी-जमाई शानदार नौकरी व न्यूयॉर्क की सुख-सुविधाओं को छोड़कर काफी कम मासिक वेतन में कार्यकारी हिस्सेदार बनने का बड़ा जोखिम लिया। सन् 1987 में सी.ई.ओ. बनने के अगले पाँच वर्षों के बाद जब शुल्त्ज ने 1992 में कंपनी को सार्वजनिक किया था, तब सिर्फ कॉफी भंडारों की संख्या सिर्फ 140 (कुल राजस्व 7.35 करोड़ डॉलर) थी। देखते-देखते स्टारबक्स दुनिया की सबसे बड़ी कॉफी हाउस श्रृंखला बन

गई और नवंबर 2014 तक 63 देशों में कुल 21,600 स्थानों (वित्त वर्ष 2013 में कुल राजस्व 14.89 अरब डॉलर) पर सेवा-विस्तार हो चुका था।

मार्च 2013 में 'फोर्ब्स पत्रिका' ने स्टारबक्स के चेयरमैन व सी.ई.ओ. हॉवर्ड शुल्त्ज के शुद्ध मूल्य का आकलन 2.2 अरब डॉलर किया था।

प्लंबर का बेटा केनेथ लंगोने (2.5 अरब डॉलर)

न्यूयॉर्क के ग्रामीण इलाके रोसलिन हाइट्स (नासाउ काउंटी) में जनमे (16 सितंबर, 1935) लंगोने के पिता प्लंबर थे और माँ कैफेटेरिया में काम करती थी। बकनेल विश्वविद्यालय (लेविस्बर्ग, पेंसिल्वेनिया) के पढ़ाई का खर्च पूरा करने के लिए लंगोने के माता-पिता को न केवल अपना घर गिरवी रखना पड़ा था, बल्कि खुद भी कसाई का सहायक, गोल्फ खिलाड़ियों का थैला ढोनेवाला, खुदाई मजदूर जैसे कई मेहनतकश काम करने पड़े थे। फिर लंगोने ने दिन में पूरी नौकरी करते हुए रात में न्यूयॉर्क यूनिवर्सिटी स्टर्न स्कूल ऑफ बिजनेस में पढ़ाई पूरी की।

वित्तीय सेवा कंपनी आर.डब्ल्यू. प्रेसरिच से लंगोने ने अपना पेशेवर जीवन शुरू किया। सन् 1968 में लंगोने ने दिग्गज कारोबारी रॉस पेरोट को पटाकर इलेक्ट्रॉनिक डाटा सिस्टम्स को सार्वजनिक करने का मौका हासिल कर लिया और उसकी अपार सफलता के लिए सन् 1969 में प्रेसरिच के अध्यक्ष बन गए। 1974 में इनवेमेड एसोसिएट्स नामक उद्यम पूँजी फर्म का गठन करने के बाद लंगोने ने वित्त कारोबार में जबरदस्त सफलता हासिल की, लेकिन लंगोने को खासतौर पर गृह-निर्माण उत्पादों व सेवाओं की विशाल शृंखला होम डिपो के सह-संस्थापक व निवेश संगठक और परोपकारी सेवाओं के लिए जाना जाता है।

सितंबर 2014 में 'फोर्ब्स' ने लंगोने के शुद्ध मूल्य का आकलन 2.5 अरब डॉलर किया था।

बिन-ब्याही माँ ओपराह विन्फ्रे (2.9 अरब डॉलर)

घरेलू नौकरानी का काम करनेवाली अविवाहित किशोर माँ से जन्म (29 जनवरी, 1954) लेने के बाद ओपराह को अगले छह वर्षों

तक अपनी नानी के साथ कोस्सिउसको (मिसिसिपी, अमेरिका) के एक सुअरबाड़े में भयंकर भुखमरी झेलनी पड़ी। उसके बाद जब वह माँ के पास मिलवॉकी गई तो उचित निगरानी के अभाव में नौ वर्ष की उम्र से ही उसे चचेरे भाई, चाचा व घरेलू दोस्तों के शारीरिक शोषण का शिकार बनना पड़ा। विद्रोह कर कई बार घर से भागी, लेकिन चौदहवें साल में अपनी माँ की ही तरह बिनब्याही माँ भी बनी। संयोगवश समय से पहले पैदा हुआ बच्चा टिक नहीं सका।

अब जब उसे बदचलनी के आरोप में सुधार-गृह में भेजे जाने की नौबत आई तो जन्मदाता पिता ने सहारा दिया। ओपराह ने भी खुद को सँभाला, ईस्ट नैशविले हाई स्कूल (नैशविले, टेनेसी) में पढ़ना शुरू किया, स्कूल में सबसे लोकप्रिय लड़की चुनी गई, स्कूल की भाषण टीम में शामिल हुई, नाटकीय व्याख्या में समूचे अमेरिका में दूसरा स्थान लाई, फिर भाषण-कला प्रतियोगिता जीतकर पूर्ण छात्रवृत्ति के साथ उच्च शिक्षा के लिए टेनेसी स्टेट यूनिवर्सिटी में दाखिल हुई।

17 वर्ष में मिस ब्लैक टेनेसी सौंदर्य प्रतियोगिता जीती, स्थानीय अश्वेत रेडियो स्टेशन डब्ल्यू.वी.ओ.एल. से मिला अंशकालिक नौकरी का प्रस्ताव स्वीकार किया और पढ़ाई पूरी करने बाद बन गई डब्ल्यू.एल.ए.सी.-टी.वी. की सबसे कम उम्र की न्यूज एंकर। 1976 में बाल्टीमोर (मैरीलैंड) के डब्ल्यू. जे.जेड. टी.वी. में शाम 6 बजे का समाचार कार्यक्रम प्रस्तुत करने लगी, फिर सन् 1983 में शिकागो के डब्ल्यू.एल.ए.सी.-टी.वी. का सबसे कम लोकप्रिय सुबह के आधे घंटे का कार्यक्रम ए.एम. शिकागो को पेश करना शुरू किया, जो चंद महीनों में तमाम स्थानीय टी.वी. कार्यक्रमों को पछाड़ते हुए पहले स्थान पर आ गया और 8 सितंबर, 1986 से (2011 तक) पूरे एक घंटे का ऐतिहासिक राष्ट्रीय कार्यक्रम 'ओपराह विन्फ्रे शो' बन गया और ओपराह को बना दिया 'क्वीन ऑफ ऑल मीडिया' (सभी संचार माध्यमों की रानी), सबसे धनी अश्वेत अमेरिकी तथा अमेरिकी इतिहास का सबसे बड़ा परोपकारी।

2 फरवरी, 2015 को 'फोर्ब्स' ने ओपराह के शुद्ध मूल्य का आकलन 3 अरब डॉलर किया था।

बरतन धो पढ़नेवाला शाहिद खान (4.6 अरब डॉलर)

लाहौर (पाकिस्तान) में निर्माण-उद्योग से जुड़े मध्यम वर्गीय परिवार में जनमे शाहिद खान (18 जुलाई, 1950) 16 वर्ष की उम्र में जब इलिनोइस विश्वविद्यालय-अर्बना शेंपेन में स्नातक औद्योगिक अभियांत्रिकी (बी.एस. सी. इंडस्ट्रियल इंजीनियरिंग) पढ़ने के लिए अमेरिका पहुँचा था तो पहली रात वाई.एम.सी.ए. के 2 डॉलर के कमरे में काटी थी और 1.20 डॉलर प्रति घंटे की दर से बरतन धोने की पहली नौकरी शुरू की थी। जल्द ही उसने मोटर वाहन पुरजा उत्पादन कंपनी फ्लेक्स-एन-गेट में काम शुरू कर दिया और पढ़ाई पूरी करने के बाद निदेशक बन गया। उसने सन् 1978 में 50 हजार डॉलर के बैंक ऋण से बंपर वर्क्स नामक इकाई स्थापित कर कार बंपर का उत्पादन शुरू किया, फिर 1980 में अपनी नियोक्ता फ्लेक्स-एन-गेट को खरीद लिया और तीन सबसे बड़ी मोटरवाहन कंपनियों (बिग-थ्री) फोर्ड, जनरल मोटर्स व क्रिसलर को बंपर की आपूर्ति करना शुरू कर दिया।

सन् 1984 में खान ने टोयोटा पिकअप को थोड़ी संख्या में बंपर की आपूर्ति शुरू की थी, 1987 में पिकअप को और फिर 1989 में टोयोटा-अमेरिका की समूची वाहन श्रृंखला का एकमात्र बंपर आपूर्तिकर्ता बन गया। वर्ष 2012 में खान अमेरिका सहित अन्य देशों में 48 उत्पादन इकाइयों (सालाना राजस्व 3 अरब डॉलर) का संचालन कर रहा था। जनवरी 2012 में खान ने 76 करोड़ डॉलर के सौदे में नेशनल फुटबॉल लीग (एन.एफ.एल.) की टीम जैक्सनविल जगुआर और फिर जुलाई 2013 में 15-20 करोड़ पौंड के सौदे में अंग्रेजी फुटबॉल लीग चैंपियनशिप टीम फुलहैम एफ.सी. पर पूर्ण स्वामित्व कायम कर लिया था।

सितंबर 2014 में 'फोर्ब्स' ने खान के शुद्ध मूल्य का आकलन 4.6 अरब डॉलर किया था और वह पाकिस्तानी मूल के सबसे अमीर व्यक्ति बन गए थे।

दरिद्र का बेटा किर्क केरकोरियन (3.9 अरब डॉलर)

फ्रेस्नो (कैलिफोर्निया) के बेहद गरीब अर्मेनियाई आप्रवासी परिवार में जन्मे (6 जून, 1917) केरकोरियन ने माता-पिता की आर्थिक मदद के लिए आठवीं कक्षा में ही अपनी पढ़ाई छोड़ दी, बड़े भाई के संरक्षण में अत्यंत कुशल शौकिया बॉक्सर बन गया और फिर पैसिफिक अमेच्योर वेल्टरवेट चैंपियनशिप जीत ली। द्वितीय विश्वयुद्ध के दौरान पैदल सेना में भरती किए जाने की नौबत आई तो हवाई उड़ान का प्रशिक्षण लेना शुरू किया और छह महीने में ही वाणिज्यिक लाइसेंस हासिल लेकर ब्रिटेन की रॉयल एयर फोर्स में चला गया।

युद्ध खत्म हुआ तो केरकोरियन ने अपनी सारी कमाई (5,000 डॉलर) से सेसना एयरक्राफ्ट (चार सीटोंवाला छोटा विमान) खरीद लिया और सामान्य पायलट की सेवा देनी शुरू कर दी। लॉस वेगास का चक्कर लगाते हुए जुए का चस्का पड़ा तो 1947 में उसने ट्रांस इंटरनेशनल एयरलाइंस को 60 हजार डॉलर का भुगतान कर जुआरियों व शौकीनों के लिए लॉस एंजिल्स से लास वेगास के बीच चार्टर हवाई सेवा शुरू कर दी।

तमाम कारोबारी उतार-चढ़ाव झेले उसने, फिर 1962 में लॉस वेगास स्ट्रिप में 9.60 लाख डॉलर में 80 एकड़ जमीन खरीद ली, जिस पर बनाया विलासिता होटल-सह-जुआघर सीजर्स पैलेस। सन् 1967 में पैराडाइज रोड (लॉस वेगास) पर 50 लाख डॉलर में 82 एकड़ जमीन खरीदी, जिस पर बना डाला उस वक्त दुनिया का सबसे बड़ा इंटरनेशनल होटल। 1968 में सीजर्स पैलेस को 90 लाख डॉलर में बेचा, 1969 मेट्रो-गोल्डविन-मेयर फिल्म स्टूडियो खरीदा, जिस पर बनाया एंपायर स्टेट बिल्डिंग से भी बड़ा एम.जी.एम. ग्रैंड होटल एंड कैसिनो। मुश्किलें थमीं नहीं। 21 नवंबर, 1980 को मूल एम.जी.एम. ग्रैंड आग में जलकर राख हो गया। लास वेगास के इतिहास में सबसे बड़े हादसों में उस एक में कुल 87 जानें गईं। पर करकोरियन रुका नहीं। सिर्फ आठ महीने में बना डाला नया एम.जी.एम., 1986 में बेच डाला उसे 59.4 करोड़ डॉलर में, जिसका नाम हो गया 'बल्लीज लॉस वेगास'।

फिर करकोरियन ने अपने रणनीतिक शेयर निवेशों व अधिग्रहण कोशिशों से मोटरवाहन उद्योग में तहलका मचाना शुरू किया, चाहे क्रिसलर कॉर्पोरेशन हो या जनरल मोटर्स या फोर्ड मोटर्स, सभी को उसने बार-बार डराया। सितंबर 2007 में 'फोर्ब्स' ने करकोरियन का शुद्ध मूल्य 16 अरब डॉलर आँका था, जो मंदी की भयंकर चपेट में आकर सितंबर 2013 में सिर्फ 3.9 अरब डॉलर रह गया था।

आवारा बालक जॉन पॉल डेजोरिया (4 अरब डॉलर)

लॉस एंजिल्स (कैलिफोर्निया) के इको पार्क इलाके में इतालवी आप्रवासी पिता के दूसरे पुत्र तथा ग्रीक आप्रवासी माँ से जनमा (13 अप्रैल, 1944) जोन्स जब दो साल का था तो उसके माता-पिता का तलाक हो गया। नौ साल की उम्र में उसने अपने परिवार की आर्थिक मदद के लिए अपने बड़े भाई के साथ क्रिसमस कार्ड व समाचार-पत्रों की बिक्री शुरू की थी। वह हाई स्कूल पहुँचा ही था कि माँ ने बच्चों का खर्च उठा पाने में असमर्थता जता दी भी और बड़े भाई के साथ उसे भी पूर्वी लॉस एंजिल्स स्थित पालक-घर में भेज दिया गया। वह आवारा बच्चों के गिरोह में चला गया था कि उसे अपने गणित शिक्षक की यह बात चुभ गई कि वह जीवन में कुछ भी करने में कभी कामयाब नहीं होगा। और यहीं से उसकी जिंदगी बदलनी शुरू हो गई।

सन् 1962 में हाई स्कूल में उत्तीर्ण होने के बाद डेजोरिया दो साल नौसेना में भरती रहा और फिर चौकीदारी से लेकर बीमा विक्रेता की तमाम नौकरियाँ करते हुए रेडकेन लैबोरेटरीज (अब लोरिअल समूह का ब्रांड) के कर्मचारी के रूप में बालों की देखभाल की दुनिया में प्रवेश किया। 1980 में पॉल मिशेल के साथ मिलकर 700 डॉलर ऋण के साथ हवाई (अमेरिका का पूर्ण द्वीप प्रांत) में जॉन पॉल मिशेल सिस्टम (हवाई) का गठन किया। कार में घूमते हुए घर-घर शैंपू बेचना शुरू किया; 1989 में पैट्रन स्पिरिट्स कंपनी (मेक्सिको) की सह-स्थापना कर टकीला उत्पादों का कारोबार शुरू किया; 1992 में कैंब्रिज (मैसाचुसेट्स) के हार्वर्ड स्क्वॉयर में जीवंत संगीत-

शाला सह रेस्तराँ शृंखला हाउस 'ऑफ ब्लूज एंटरटेनमेंट' की सह-स्थापना की और फिर मेडागास्कर ऑयल (दक्षिण अफ्रीका) में हिस्सेदारी खरीदी।

सितंबर 2013 में 'फोर्ब्स' ने डेजोरिया के शुद्ध मूल्य का आकलन 4 अरब डॉलर आँका था।

तीन नौकरियोंवाला डो वोन चांग (4 अरब डॉलर)

दक्षिण कोरिया के साधारण परिवार में जनमे (20 मार्च, 1954) चांग ने कॉफी शॉप में काम कर धन जुटाने के बाद सन् 1981 में 18 वर्ष की उम्र में लॉस एंजिल्स (दक्षिणी कैलिफोर्निया) पहुँचा था। गुजारा चलाने के लिए शुरू में उसने एक साथ तीन नौकरियाँ कीं। उसने देखा कि महँगी कारों की सवारी करनेवाले अधिकांश लोग कपड़े का कारोबार करते हैं और उसने भी सन् 1984 में पत्नी जिन सूक के साथ हाइलैंड पार्क (लॉस एंजिल्स) में फैशन 21 नाम से सिले-सिलाए कपड़ों (गारमेंट) की 900 वर्गफीट की एक दुकान खोल ली।

दक्षिण कोरियाई समुदाय को लक्ष्य बनाया और पहले साल में 7 लाख डॉलर का राजस्व हासिल कर लिया। फिर हर छह महीने में एक नया भंडार खोलना शुरू कर शृंखला का नाम बदलकर 'फॉरएवर 21' कर दिया, जो वर्ष 2013 में अमेरिका सहित अन्य देशों के 480 स्थानों पर फैलकर कुल सालाना राजस्व 3.7 अरब डॉलर हासिल करने लगी थी।

7 जनवरी, 2015 को 'फोर्ब्स' ने चांग व सूक का संयुक्त शुद्ध मूल्य 5.4 अरब डॉलर आँका था।

कटे कपड़ों का टाई-दर्जी रॉल्फ लॉरेन (8 अरब डॉलर)

पिंस्क (बेलारूस) से ब्रोंक्स (न्यूयॉर्क) में बसे यहूदी आप्रवासी परिवार में जनमे (14 अक्तूबर, 1939) लॉरेन के माता-पिता घर की पुताई करनेवाले मजदूर थे। लॉरेन ने सेना में भरती होने के लिए दो साल बाद ही बर्नार्ड एम. बारुक कॉलेज में स्नातक-व्यवसाय की पढ़ाई छोड़ दी, फिर ब्रुक्स ब्रदर्स (मेडिसन एवेन्यू, मैनहट्टन, न्यूयार्क सिटी)—अमेरिका के

सबसे पुरानी पुरुषों की वेशभूषा शृंखला में बिक्री की नौकरी के लिए लौरें सेना छोड़ दी। कुछ समय बाद एक टाई कंपनी में बिक्री कर्मी बन गया।

सन् 1966 में जब लॉरेन 26 साल का था, उसे यूरोपीय शैली की टाई की डिजाइन भा गई। जब कंपनी ने उसके विचार को खारिज कर दिया तो लॉरेन एंपायर स्टेट बिल्डिंग में एक दराज रखकर कटे हुए कपड़ों से टाई बनानी शुरू कर दी। बिक्री अच्छी हुई तो एक वस्त्र निर्माता आर्थिक मदद लेकर 'पोलो' ब्रांड नाम से अपना टाई भंडार खोल लिया। 1970 कोट्टी अवॉर्ड जीतने के बाद बेवर्ली हिल्स में रोडियो ड्राइव पर पोलो बुटीक शुरू किया। फिर पोलो की छोटी बाजू वाली कमीज व महिला वस्त्र शृंखला पेश की और फिर लॉरेन ने पीछे मुड़कर नहीं देखा। वर्ष 2014 में रॉल्फ लॉरेन कॉरपोरेशन दुनिया भर में 433 स्थानों पर स्वयं-चालित तथा अन्य 243 स्थानों में 503 रियायती वस्त्र भंडार (कुल राजस्व 7.45 अरब डॉलर) संचालित कर रहा था।

जनवरी 2015 में 'फोर्ब्स' ने राल्फ लॉरेन का शुद्ध मूल्य 8 अरब डॉलर आँका था।

ग्राम-संस्था में पैदा हुआ फ्रेंकोइस पिनॉल्ट (15 अरब डॉलर)

ब्रिटनी (फ्रांस) के उत्तर में स्थित लेस चैंप्स-गेरॉक्स नामक ग्राम-संस्था (कम्यून) में जनमे (21 अगस्त, 1936) पिनॉल्स को हाई स्कूल की पढ़ाई इसलिए छोड़नी पड़ी थी, क्योंकि गरीब होने के कारण उसे बुरी तरह से परेशान किया जाता था। सन् 1963 में पिनॉल्ट ने ब्रिटनी में लकड़ी-सौदे का कारोबार शुरू किया और जल्द ही भवन-निर्माण उत्पादों के सौदे भी करने लगा। उसके बाद शुरू हुई कारोबार विस्तार की उसकी मशहूर शिकारी रणनीति। बाजार ध्वस्त होने के बाद आर्थिक संकट में फँसे कारोबारों को वह कौड़ियों के मोल खरीदने लगा था।

सन् 1987 में पिनॉल्ट को बड़ी सफलता तब मिली, जब उसने एक बड़ी कागज निर्माता कंपनी पर कब्जा जमाया। सन् 1988 में नियंत्रक कंपनी को सार्वजनिक कर ब्याज-मुक्त पूँजी से कारोबार का विस्तार जारी

रखा। 1994 में समूह का नाम पिनॉल्ट-प्रिंटेंप्स-रेदौटे (पी.सी.आर.) रखने के बाद पिनॉल्ट ने फ्रांसीसी विलासिता वस्तुओं की नकदी शृंखलाओं के अधिग्रहण पर अपना ध्यान केंद्रित किया और उसके नियंत्रण में अलेक्जेंडर मैकक्वीन, बलेंसिअगा, ब्रिओनी, गुच्ची, प्यूमा, वोल्कोम जैसे बड़े ब्रांड हैं, जिनका कारोबार दुनिया के 120 देशों में फैला हुआ है। मार्च 2013 में पी.सी.आर. का नाम केरिंग कर दिया गया था। जब सालाना राजस्व 9.74 अरब यूरो के स्तर पर था, तब 'फोर्ब्स' ने पिनॉल्ट का शुद्ध मूल्य 15 अरब डॉलर आँका था।

अनाथालय में पला लियोनार्डो डेल वेक्चिओ (19.1 अरब डॉलर)

मिलान (इटली) के बेहद गरीब परिवार में पैदा (22 मई, 1935) होने के पाँच महीने पहले ही वेक्चिओ के पिता का निधन हो गया था। घर की माली हालत इतनी कमजोर थी कि माँ ने उसे अनाथालय को दे दिया। उसने औजार व पाँचा निर्माता लोहार के पास प्रशिक्षु के रूप में अपना पेशेवर जीवन शुरू किया था; लेकिन जल्द ही धातुगीरी की कुशलता को चश्मा के पुरजे बनाने में उपयोग करने का फैसला किया। फिर सन् 1961 में वह अगोर्डो (बेलूनो) चला गया, जहाँ इतालवी चश्मा उद्योग से जुड़ी अधिकतर इकाइयों का जमावड़ा था। वहाँ वेक्चिओ ने सीमित साझेदारी कंपनी लक्सोटिका एस.ए.एस. का गठन कर चश्मे के पुरजे का ठेका उत्पादन शुरू किया। उसने सन् 1967 में 'लक्सोटिका' ब्रांड नाम से पूरा ऐनक ढाँचा (फ्रेम) बेचना चालू किया और 1971 में ठेका उत्पादन बंद कर सारा ध्यान अपने उत्पादन व बिक्री पर केंद्रित कर लिया।

सन् 1984 में ऊर्ध्वाधर एकीकरण (वर्टिकल इंटीग्रेशन) की जरूरतों को देखते हुए वेक्चिओ ने एक वितरण कंपनी को खरीद लिया और जर्मनी में सहायक कंपनी का गठन कर अंतरराष्ट्रीय बाजारों में विस्तार का सिलसिला शुरू कर दिया। फिर वर्ष 1988 में अरमानी का सौदा किया, 1990 में कंपनी को न्यूयॉर्क में सूचीबद्ध करवाया और फिर 2000 में मिलान में। इस बीच ब्याज-मुक्त पूँजी से वेक्चिओ ने बड़े अंतरराष्ट्रीय

विलासिता ब्रांड शृंखलाओं के अधिग्रहण का अभियान तेज कर दिया, जिनमें पेर्सोल, यू.एस. शू कॉरपोरेशन (लेंस क्राफ्टर), रे बैन, सनग्लास हट, ओकले, बर्बेरी, स्टेला मेकार्टनी, वर्साचे, चैनल, प्रादा आदि शामिल होते चले गए। सितंबर वर्ष 2014 तक दुनिया भर में लक्सोटिका समूह नियंत्रित ब्रांड शृंखला भंडारों की संख्या 6,000 (संयुक्त सालाना राजस्व 7.31 अरब यूरो) तक पहुँच चुकी थी।

जनवरी 2015 में 'फोर्ब्स' ने वेक्चिओ का शुद्ध मूल्य 19.1 अरब डॉलर आँका था और वह इटली का दूसरा सबसे धनी (दिग्गज चॉकलेट निर्माता मिशेल फरेरो के बाद) व्यक्ति था।

नाजी-शिकार होने से बचे जॉर्ज सोरोस (19.1 अरब डॉलर)

बुडापेस्ट (हंगरी) में एक गैर-कट्टरपंथी यहूदी परिवार में पैदा हुए (12 अगस्त, 1930) सोरोस जब तेरह वर्ष के थे तो नाजी जर्मनी के कब्जे के बाद उन्हें भी अन्य यहूदी बच्चों के साथ पढ़ाई छुड़वाकर यहूदी परिषद् में भेज दिया गया था; लेकिन वे भाग निकले और पकड़े जाने से बच गए। फिर सन् 1947 में किसी तरह इंग्लैंड पहुँचे। तो साधनहीन छात्र के नाते लंदन स्कूल ऑफ इकोनॉमिक्स में दाखिला तो मिल गया, लेकिन गुजारे व पढ़ाई खर्च के लिए रेलवे कुली से लेकर वेटर का काम भी करना पड़ा। लेकिन संघर्ष से मुँह नहीं मोड़ा। 1951 में दर्शन-शास्त्र में स्नातक की उपाधि हासिल की और फिर सन् 1954 में पी-एच.डी. भी।

सन् 1956 में सोरोस न्यूयॉर्क चले गए और अगले तीन वर्षों तक एफ. एम. मेयर के लिए बिचौलिया व्यापारी का काम किया। फिर चार वर्षों तक वेर्थेइम एंड कंपनी में विश्लेषक का काम करते रहे और इसी दौरान अपने गुरु कार्ल पॉपर के विचारों पर आधारित थ्योरी ऑफ रिफ्लैक्सिविटी (आत्म-वाचकता सिद्धांत) को ठोस रूप दिया। फिर अर्नहोल्ड एंड एस. ब्लेइच्रोइडर में उपाध्यक्ष (1963-73) की जिम्मेदारी सँभालते रहे। सन् 1967 में उन्हें आत्मवाचकता सिद्धांत पर आधारित पहला विदेशी निवेश कोष (ऑफशोर इन्वेस्टमेंट फंड) फर्स्ट ईगल फंड का प्रयोग करने का

मौका मिला। उसकी अपार सफलता के बाद उन्होंने सन् 1969 में डबल ईगल हेज फंड स्थापित किया, फिर 1970 में खुद की निवेश प्रबंधन कंपनी सोरोस फंड मैनेजमेंट एल.पी.सी. की स्थापना कर ली; लेकिन सोरोस को अंतरराष्ट्रीय ख्याति तब मिली जब 'काला बुधवार' (16 सितंबर, 1992) से एक सप्ताह पहले उन्होंने अपने क्वांटम फंड के जरिए ब्रिटिश पाउंड बेचकर जर्मन मार्क खरीदकर 1.80 अरब डॉलर का मुनाफा अर्जित कर लिया और उन्हें बैंक ऑफ इंग्लैंड को ध्वस्त करनेवाले व्यक्ति के रूप में जाना गया।

खैर, वर्ष 2000 में दुनिया की सबसे बड़ी बचाव-निधि (हेज फंड) का क्वांटम फंड का तमगा छिन गया, जब एक साल के भीतर उसके द्वारा प्रबंधित निधि का आकार 10 अरब डॉलर से 4 अरब डॉलर रह गया। लेकिन सोरोस का डंका आगे भी कायम रहा। उन्होंने वर्ष 2008 में दिवालिया होने से पहले लेहमान ब्रदर्स में एक हिस्सेदारी खरीदी और फिर वर्ष 2009 में अन्य बचाव निधियों के साथ मिलकर 13.9 अरब डॉलर में अधिगृहीत कर बैंक के 160 डॉलर अरब मूल्य के ऋण, निवेश व जमा पर कब्जा कर लिया। वर्ष 2010 में सोरोस ने घोषणा की थी कि 1973 से तब तक उनकी कंपनी ने कुल 32 अरब डॉलर का लाभ हासिल किया था। 2011 में सोरोस की कंपनी 27.9 अरब डॉलर का निधि-प्रबंध कर रही थी; लेकिन सोरोस ने सिर्फ कमाई ही नहीं की, मानव अधिकार, सार्वजनिक स्वास्थ्य व शिक्षा में कुल 8 अरब डॉलर (1979 से 2011 तक) का दान देकर दुनिया के सबसे बड़े परोपकारियों की सूची में भी खास स्थान बना लिया था। जुलाई 2014 में 'फोर्ब्स' ने सोरोस का शुद्ध मूल्य 23 अरब डॉलर आँका था।

16 घंटों का दिहाड़ी मजदूर ली का-शिंग (19.1 अरब डॉलर)

चाओ जहोऊ (गुआंगडोंग, चीन) में टोचेव बोलनेवाली चाओझोउ प्रजाति में पैदा (19 जुलाई, 1928) हुए ली का-शिंग को अपने पिता की मौत के कारण 15 साल की उम्र से पहले ही स्कूल छोड़ने के लिए मजबूर कर दिया गया था। उन्हें एक प्लास्टिक कारोबारी कंपनी में नौकरी तो मिल

गई, लेकिन उसे बचाए रखने के लिए रोजाना 16 घंटे तक कड़ी मेहनत करनी पड़ी और वर्ष 1950 तक वह अपनी खुद की कंपनी चेउंग कांग इंडस्ट्रीज कायम करने के काबिल बन गए।

सन् 1958 में जब कंपनी के पट्टे का नवीकरण नहीं हो सका तो ली को अपनी जमीन खरीदकर नई फैक्टरी बनाने के लिए मजबूर होना पड़ा, लेकिन इस अस्तित्व को बचाने के उस संघर्ष ने ली को अचल संपत्ति में निवेश का गुर सिखा दिया। लिहाजा सन् 1967 के दंगों में जब लोगों में जान बचाकर हांगकांग छोड़ने की होड़ लगी थी, तब उस भयानक परिस्थिति में ली को अचल संपत्ति निवेश का सुनहरा मौका नजर आया दिखा था और उसने निचले स्तर पर जा चुकी कीमतों पर जमीनों का ताबड़तोड़ अधिग्रहण किया। इस बीच ली की मूल कंपनी एशिया की सबसे बड़ी प्लास्टिक फूल आपूर्तिकर्ता बन गई थी।

सन् 1972 में ली ने अपनी अचल संपत्ति नियंत्रक कंपनी चेउंग कांग होल्डिंग्स को हांगकांग स्टॉक एक्सचेंज में सूचीबद्ध करा लिया। 1979 में जब ली ने 63.9 करोड़ डॉलर (हांगकांग डॉलर) के सौदे में एच.एस. बी.सी. की निवेश नियंत्रक कंपनी हचिसन वैमपोआ लिमिटेड पर कब्जा जमाया तो उसे हांगकांग की अचल संपत्तियों का बादशाह पुकारा जाने लगा; लेकिन इस सौदे ने ली को हांगकांग, कनाडा (वैंकूवर में डेल्टापोर्ट), चीन, ब्रिटेन, रॉटरडैम, पनामा, बहामास के विशाल बंदरगाहों सहित दुनिया भर के अन्य बंदरगाहों में निवेश का मौका दे दिया और वह बन गया दुनिया का बंदरगाह बादशाह। इतना ही नहीं, हचिसन वैमपोआ की सहयोगी कंपनी ए.एस. वाटसन ग्रुप के जरिए ली ने 7,800 भंडारोंवाली विशाल नकदी शृंखला खड़ी कर ली, जिसके अंतर्गत सुपर ड्रग (यू.के.), मारिओन्नॉड (फ्रांस), क्रुइडवैट (बेनेलेक्स देश समूह), वाटसनज (एशिया) जैसे ब्रांड संचालित किए जा रहे हैं।

अप्रैल 2014 में ब्लूमबर्ग बिलियनेयर्स इंडेक्स ने ली का शुद्ध मूल्य 31.9 अरब डॉलर आँका था और तब वह एशिया का सबसे धनी व्यक्ति थे।

झोंपड़ी में पला शिक्षक-पुत्र हेरोल्ड सीमंस (10 अरब डॉलर)

गोल्डन (वुड काउंटी, टेक्सास, अमेरिका) के एक साधारण शिक्षक परिवार में पैदा (13 मई, 1931) हुए सीमंस ने अपना बचपन बिना नलसाजी या बिजली की सुविधावाली झोंपड़ी में काटा था; लेकिन वह टेक्सास विश्वविद्यालय में दाखिल होने में सफल हो गया। अर्थशास्त्र में स्नातक व स्नातकोत्तर की उपाधियाँ हासिल करने के बाद सन् 1952 में सीमंस ने डलास स्थित रिपब्लिक नेशनल बैंक में परीक्षक के रूप में अपना पेशेवर जीवन शुरू किया था।

फिर सन् 1960 में 5,000 डॉलर बचत और 95,000 डॉलर के ऋण का उपयोग कर दक्षिणी मेथोडिस्ट विश्वविद्यालय (डलास, टेक्सास) परिसर के सामने छोटी सी दवा की दुकान यूनिवर्सिटी फार्मेसी खरीदी थी। लगातार विस्तार कर उसने 100 दवा दुकानों की शृंखला बनाई और सन् 1973 में उसे 5 करोड़ डॉलर में बेचकर निवेशक बन गया। सीमंस ने तत्कालीन बैंकिंग चलन के अनुभव के आधार पर सारा ऋण, कोई हिस्सेदारी नहीं, की पूँजी-प्रबंधन रणनीति बनाई थी और नियंत्रक कंपनी बैंकों का ऋण हासिल कर कंपनियों का अधिग्रहण करना शुरू कर दिया था।

इसी रणनीति के तहत उसने बैंकों से उगाही धन से दिग्गज अंतरिक्ष यान निर्माता कंपनी लॉकहीड कॉरपोरेशन (लॉकहीड मार्टिन) का 20 फीसदी शेयर खरीद लिया था और फिर कंपनी के अधिग्रहण की घोषणा से क्रय वित्त बाजार में तूफान खड़ा कर दिया था। खैर, वह अपनी कोशिशों में पूरी तरह कामयाब तो नहीं हो सका, लेकिन उस घटना से उसे राष्ट्रीय पहचान बनाने का मौका मिल गया था। उसने आगे भी अधिग्रहण का सिलसिला जारी रखा और वर्ष 2006 उसकी कॉनट्रन होल्डिंग कंपनी के स्वामित्व में दुनिया की सबसे बड़ी टाइटेनियम उत्पादक टाइटेनियम मेटल्स कॉरपोरेशन, बहुराष्ट्रीय रसायन उत्पाद कंपनी वाल्ही इनकॉरपोरेशन सहित कई अन्य सार्वजनिक कंपनियाँ शामिल थीं।

सितंबर 2013 में 'फोर्ब्स' ने सीमंस का शुद्ध मूल्य 10 अरब डॉलर आँका था। 28 दिसंबर, 2013 को 82 वर्ष की आयु में सीमंस का देहांत हो गया था।

अविवाहित माँ का बेटा लैरी एलिसन (56.2 अरब डॉलर)

आप्रवासियों की घनी आबादीवाले निम्न-मध्यम वर्गीय इलाके ब्रुकलीन (न्यूयॉर्क सिटी) में अविवाहित यहूदी माँ से पैदा (17 अगस्त, 1944) हुआ एलिसन जब नौवें महीने में निमोनिया का शिकार हुआ था तो उसकी माँ ने उसे चाचा-चाची को गोद दे दिया था। दत्तक पिता उसके साथ अच्छा व्यवहार नहीं करते थे। इसलिए जब उसे चाहनेवाली दत्तक माँ की मृत्यु हो गई थी तो इलिनोइस विश्वविद्यालय-अर्बाना शेंपेन में स्नातक की पढ़ाई को दूसरे साल में ही अधूरा छोड़ दिया था। फिर वह उत्तरी कैलिफोर्निया के सिलिकॉन वैली चला आया था और अगले आठ वर्षों तक तमाम तरह के काम करते हुए महज 2,000 डॉलर की बचत में सन् 1977 में सॉफ्टवेयर विकास कंपनी की स्थापना की थी।

कई नाम बदलने के बाद एलिसन ने 1982 में अपनी कंपनी का नाम 'ओरेकल सिस्टम कॉरपोरेशन' रखा था, जब उसका मुख्य उत्पाद ओरेकल डाटाबेस (वस्तु-संबंधपरक डाटाबेस प्रबंधन प्रणाली/ऑब्जेक्ट रिलेशनल डाटाबेस मैनेजमेंट सिस्टम/ओ.आर.डी.एम.एस.) बाजार में अपने पाँव जमाने लगा था। उसके बाद ओरेकल कॉरपोरेशन ने उद्यम संसाधन योजना (एंटरप्राइज रिसोर्स प्लानिंग/ई.आर.पी.), ग्राहक संबंध प्रबंधन (कस्टमर रिलेशन मैनेजमेंट/सी.आर.एम.), आपूर्ति शृंखला प्रबंधन (सप्लाई चेन मैनेजमेंट/एस.सी.एम.) जैसी बाजार में धूम मचानेवाली जटिल सॉफ्टवेयर शृंखला का विकास किया और वर्ष 2011 में राजस्व के आधार पर माइक्रोसॉफ्ट के बाद उसने दुनिया की दूसरी सबसे बड़ी सॉफ्टवेयर निर्माता कंपनी का स्थान हासिल कर लिया।

जून 2014 में ओरेकल का विश्वव्यापी सालाना राजस्व 38.27 अरब डॉलर के स्तर पर था। फरवरी 2015 में 'फोर्ब्स' ने लैरी एलिसन का शुद्ध मूल्य 56.2 अरब डॉलर आँका था और वह अमेरिका का तीसरा और दुनिया का पाँचवाँ सबसे धनी व्यक्ति बन गया था।

□

3

कैसे खोजें अकूत धन का खजाना?

''मन गुरु शक्ति है, जो ढालता है, बनाता है,
और हम मन हैं और हम हमेशा के लिए
चिंतन के औजार को धारण करते हैं और आकार देते हैं हम जो होंगे,
एक हजार खुशियाँ, एक हजार बीमारियाँ सामने लाते हैं।
हम गुप्त रूप से सोचते हैं और यह रिसने लगता है,
हमारी दुनिया और कुछ नहीं, हमारा दर्पण है।''

—जेम्स एलन

(विख्यात ब्रिटिश दार्शनिक व लेखक)

''मैंने निष्कर्ष निकाला है कि धन मन की अवस्था है और कि कोई भी समृद्ध विचारों का चिंतन कर मन की धनी अवस्था का अधिग्रहण कर सकता है।''

—एंड्रयू यंग

(जॉर्जियाई मूल के अमेरिकी राजनीतिज्ञ, राजनयिक, कार्यकर्ता व पादरी)

दुनिया भर के अधिकांश लोगों के लिए धन जिंदगी भर रहस्य ही बना रह जाता है और जन्म से ही उनमें यह व्यावहारिक ज्ञान भर दिया

जाता है कि धन कमाना सबके बस की बात नहीं। यानी धन का खोजना कोई रहस्यमय चीज है, जो समाज के कुछ लोगों ने सात दरवाजे के भीतर बंद कर रखा है। आखिर धन है कहाँ? धन्नासेठों की तिजोरियों में, बैंकों के स्ट्रांग रूम में? क्या इन स्थानों पर जाने के बाद आपके मन में यह सवाल भी उठा कि आखिर सेठों या बैंकों के अकूत खजाने में धन कहाँ से आया? आप तुरंत यह कहेंगे कि धनवानों के पास से। फिर आपके मन में सवाल आया कि धनवान् इतना धन कहाँ से लाए? अधिकांश लोग इस सवाल की खोज ही नहीं करते हैं कि आखिर धन कहाँ से आता है। क्या यह धन का कोई पेड़ होता है या फिर तथाकथित सौभाग्यशालियों के घरों में धन की आसमानी बारिश होती है?

सोने की खान आपके भीतर ही है

दूसरे अध्याय में हमने दुनिया के मशहूर 15 धनवानों के बारे में थोड़ा-थोड़ा बताया है। उनमें से अधिकांश के पास तो जिंदगी की शुरुआत में फूटी कौड़ी भी नहीं थी। फिर उन्हें कैसे मिला धन का अकूत खजाना? क्या उनकी संक्षिप्त कहानियों से आपको कोई संकेत नहीं मिला? एक बार फिर से पढ़िए सबको यदि जानकारी कम पड़े तो उनके बारे में थोड़ा और विस्तार से पढ़िए। यदि आप ध्यान से पढ़ेंगे तो एक बात सभी में समान है कि उन्होंने अपने हालात से समझौता नहीं किया। हाँ, आप कह सकते हैं कि ये लोग बिरले हैं।

ठीक है, अब आप अपने आसपास नजर दौड़ाकर देखिए। आप चाहे किसी गरीब-से-गरीब बस्ती में ही क्यों न रहते हों, आपको कोई-न-कोई धनवान् जरूर मिल जाएगा। गाँवों में अधिकतर धनवान् लोग ऐसे मिलेंगे, जो खानदानी जमींदार या फिर व्यापारी थे। आपको ऐसे भी कई उदाहरण मिल जाएँगे, जो एक पीढ़ी पहले तक धनवान् थे, पर अब कुछ भी नहीं हैं। क्यों? आप तह में जाएँगे तो आपको पता चलेगा कि उनके पुरखों ने कड़ी मेहनत से धन अर्जित किया था, लेकिन अगली पीढ़ी उसे सँभाल नहीं सकी और पुरखों की खून-पसीने की कमाई को उड़ा दिया। आपने

यह भी अनुभव किया होगा कि जिनके पास पीढ़ियों से धन बचा चला आ रहा है, समाज के अधिकांश लोग उन धनी लोगों को कंजूस, महाकंजूस, मक्खीचूस आदि कहकर हँसने से बाज नहीं आते; लेकिन जरूरत पड़ने पर उन्हीं चंद लोगों की खुशामद करते नजर भी आते हैं।

क्या अब आपको कुछ संकेत मिल रहा है कि किसी के पास इतना धन कैसे आ जाता है और कई सौभाग्यशाली पैदा हुए लोग अपनी सौभाग्य-रेखा पर कैसे कालिख पोत लेते हैं? यदि नहीं तो एक बार फिर से किसी बड़े-बुजुर्ग से उन धनवानों की कहानियाँ सुनिए। आपको हर जगह छोटा-मोटा धंधा कर शुरू होनेवाले कई ऐसे लोग मिल जाएँगे, जिन्होंने लाखों-करोड़ों कमा लिये हैं। धनवानों को ढूँढ़ने के लिए बड़े शहरों, महानगरों या फिर लंदन, न्यूयॉर्क, हांगकांग, सिंगापुर, दुबई या मुंबई जैसी तथाकथित लक्ष्मी-पुत्रों की स्वप्न नगरियों में जाने की जरूरत नहीं है। अब जरा खुद के बारे में सोचिए, अपने अंदर खोजिए कि कहीं आपके अंदर कोई खजाना तो नहीं पड़ा है?

अरे नहीं, मेरे पास कहाँ से है धन का खजाना! बस, यों ही, बिना ढूँढ़े यह जवाब मत दीजिए। यदि अभी भी आपको अपने भीतर का खजाना नहीं दिख पा रहा है तो थोड़ा और खोजबीन करिए, फिर अपने आस-पड़ोस कोई ऐसे परिवार ढूँढ़िए, जिनमें से अधिकांश लोग तो अमीर हो गए, लेकिन कुछ काफी पीछे रह गए। फिर से सुनिए उनकी जीवन-कथाएँ। सबसे आसान तरीका है कि आप असफल रह गए शख्स से ही मिलें और सफलता की सीढ़ियाँ चढ़ जानेवाले उनके अपनों के बारे में गहराई से जानिए। आपको कारण पता चल जाएगा कि जो लोग सफल हुए, वे आसमान से नहीं टपके थे। बस, उन्होंने अपने अंदर की आसमानी ताकत को पहचान लिया था, जो प्रकृति या ईश्वर ने हर मनुष्य को उपहार के रूप में बिना किसी भेदभाव के बाँटी है। अब आपको अपना उपहार में मिला खजाना नजर आया?

जी हाँ, अकूत धन का खजाना आपके भीतर ही है। हाँ, गौर से देखिए। भौतिक आँखों से यह खजाना नहीं दिखेगा। इसे मन की आँखों से देखना पड़ेगा।

मन की ही एक अवस्था है धन

अकसर लोग उलझन में पड़ जाते हैं कि वे जितना धन कमा पा रहे हैं, उतना ही कमा सकते हैं। हकीकत इससे उलट है। चाहे कोई लाखों-करोड़ों कमा रहा हो या फिर सैकड़ों-हजारों या फिर कुछ भी नहीं कमा पा रहा हो, फिर भी हरेक में उतनी क्षमता होती है कि वे अपने जीवन में एक निश्चित मात्रा में धन की बहुतायत हासिल कर सकते हैं। इसे समझने के लिए एडोल्फ हिटलर का समय याद कीजिए। जब नाजी जर्मनी से चुन-चुनकर यहूदियों का सफाया किया गया था, उस वक्त खासतौर पर यहूदी समाज में ऐसे समृद्ध लोगों की संख्या काफी ज्यादा थी, जिनकी जिंदगी अचानक तबाह कर दी गई और उन्हें धकेल-धकेलकर यातना शिविरों में ठूँस दिया गया था। विक्टर फ्रैंकले व एनी फ्रैंक जैसे लोग भयानक गरीबी की स्थितियों में थे। फिर भी उनके जीवन में सचमुच में बहुतायत थी।

उस नाजी सर्वनाश से जीवित बचे विक्टर फ्रैंकले ऑस्ट्रिया के तंत्रिका-विज्ञानी (न्यूरोलॉजिस्ट) व मनोचिकित्सक के रूप में दुनिया भर में जाने गए। उन्होंने अपनी बहुचर्चित रचना 'मैंस सर्च फॉर मीनिंग' (आदमी की अर्थ की खोज) में लिखा है—

''व्यक्तियों के पास एक चीज है, जो कभी भी उनसे छीनी नहीं जा सकती है, वह है उनका दृष्टिकोण (एटीट्यूड)। हम लोग, जो कि यातना शिविरों में रहे, ऐसे लोगों को याद कर सकते हैं, जो अपनी रोटी का आखिरी टुकड़ा देकर दूसरों को दिलासा देते हुए झोंपड़ियों से गुजर गए। वे संख्या में बहुत थोड़े से रहे हो सकते हैं, लेकिन वे पर्याप्त सबूत प्रदान करते हैं कि आदमी से हरेक चीज छीनी जा सकती है, लेकिन एक चीज कभी नहीं, किसी भी परिस्थिति-समुच्चय में उसकी स्वतंत्रताओं में से अंतिम किसी के दृष्टिकोण का चुनाव करना, किसी के खुद रास्ते का चुनाव करना।''

जी हाँ, फ्रैंकले ने अपने रचनात्मक दृष्टिकोण को अपनाकर न केवल यातना-शिविर की विकट परिस्थितियों को झेला, बल्कि मनुष्य की अंतिम व

अक्षय स्वतंत्रता, अपने दृष्टिकोण तथा खुद के रास्ते के चुनाव की आंतरिक समृद्धि (इंटरनल प्रोस्पेरिटी) को प्रकट करने की पूँजी बनाया। उन्होंने इस पूँजी के लगातार सदुपयोग से इस सार्वभौमिक सत्य (यूनिवर्सल ट्रुथ) को एक बार फिर से साबित कर दिखाया कि मनुष्य अपनी सकारात्मक व रचनात्मक सोच से किसी भी परिस्थिति से लड़ सकता है, अपनी सफलता के रास्ते की बाधाओं को हटा सकता है और उस रास्ते पर सधे कदमों से आगे बढ़ते हुए समृद्धि व बहुतायत के जीवन को हासिल कर सकता है। यह उन सभी लोगों के लिए एक प्रेरक उदाहरण है, जो अपनी परिस्थितियों से हार मानकर बैठ जाते हैं और अभाव को मन की अवस्था बनाकर आर्थिक असुरक्षा में जिंदगी काटने को अपने दुर्भाग्य का नतीजा बताते हैं।

उसी नाजी प्रलय की सबसे ज्यादा चर्चित किशोरी डायरी लेखिका हैं ऐनीलिएस मैरी एनी फ्रैंक। सन् 1933 में जब नाजियों ने जर्मनी पर कब्जा किया था, एनी का परिवार भागकर एम्सटर्डम (नीदरलैंड्स) में आ गया था; लेकिन मार्च 1940 में नाजियों ने नीदरलैंड्स पर भी कब्जा जमा लिया और वे लोग उनके जाल में फँस गए थे। जुलाई 1942 में एनी के पिता ने अपने परिवार को उस इमारत के कमरे में छुपा लिया था, जहाँ वह काम करते थे। करीब दो वर्षों तक छुपे रहने के बाद भी पूरा परिवार नाजियों का शिकार होने से नहीं बच सका। अंततः 15 वर्ष की एनी फ्रैंक को उसकी बहन के साथ बर्गन-बेल्सेन यातना शिविर में डाल दिया गया था, जहाँ मार्च 1945 के पहले पखवाड़े में (शायद सन्निपात से) उनकी मृत्यु हो गई थी। युद्ध के बाद जब परिवार में अकेले जीवित बचे ओटो फ्रैंक एम्सटर्डम लौटे तो उन्हें तबाह कर दी गई इमारत के उस कमरे से मिली एनी की डायरी सौंपी गई थी। 1947 में जब वह डायरी प्रकाशित हुई तो मनुष्य के सकारात्मक दृष्टिकोण के अनमोल रचना-रत्न के रूप में विश्व साहित्य का हिस्सा बन गई।

नाजियों द्वारा पकड़ लिये जाने की दहशत के बीच छुपकर रहने के दो वर्षों के दौरान फ्रैंक बहनों ने आशा के दीये को बुझने नहीं दिया था।

मर्गोट फ्रैंक ने पत्राचार के जरिए आशुलिपि का पाठ्यक्रम शुरू कर लिया था तो एनी फ्रैंक का अधिकांश समय अध्ययन में तथा डायरी लेखन में कटा। एनी ने उस डायरी में न केवल तत्कालीन घटनाओं, बल्कि अपनी उन भावनाओं, विश्वासों व महत्त्वाकांक्षाओं संबंधी विषयों को भी कलमबंद किया, जो वह दूसरों के साथ साझा नहीं कर सकती थीं। एनी फ्रैंक के मन में पत्रकार बनने की आकांक्षा थी। वह ज्यों-ज्यों परिपक्व होती गई, लेखन में उसका विश्वास व परिपक्वता बढ़ती चली गई थी। फिर वह भगवान् में अपने विश्वास, मानव स्वभाव के बारे में अपनी राय जैसे अमूर्त विषयों पर भी लिखने लगी थी। खुद मौत के साए में रहते हुए 5 अप्रैल, 1944 को एनी ने जो लिखा था, वह मनुष्य के सकारात्मक दृष्टिकोण की पराकाष्ठा को प्रमाणित करने का जीवंत प्रमाण है—

''मैं सभी लोगों के लिए उपयोगी बनना चाहती हूँ; उनके लिए भी, जिनसे कभी मेरी भेंट नहीं हुई। मैं अपनी मौत के बाद भी जिंदा रहना चाहती हूँ और इसी कारण से मैं यह उपहार देने के लिए भगवान् की बहुत आभारी हूँ, जिसे मैं अपने आपको विकसित करने के लिए और अपने अंदर के सबकुछ को व्यक्त करने के लिए उपयोग कर सकती हूँ।

जब मैं लिखती हूँ, मैं अपनी सारी चिंताओं से छुटकारा पा सकती हूँ। मेरा दुःख गायब हो जाता है, मेरी भावनाएँ फिर से जिंदा हो जाती हैं; लेकिन और जो यह बड़ा सवाल है, मैं कभी भी बहुत कुछ लिखने के लिए सक्षम हो जाऊँगी, क्या मैं कभी भी एक पत्रकार या एक लेखक बन पाऊँगी?''

और एनी ने यातना शिविर में भेजे जाने तक अपना लिखना जारी रखा था, क्योंकि लिखने को ही उसने अपनी जिंदगी की पूँजी बना लिया था और छुपकर रहते हुए अपने सपने को मरने नहीं दिया और रच दिया ऐसा साहित्य, जो अनंत युगों तक मानव समाज को अपनी विकट परिस्थितियों से लड़ने का संदेश देता रहेगा। और इस तरह अपने सकारात्मक दृष्टिकोण के उपयोग से एनी ने मौत के बाद भी जिंदा बने रहने के अपने सपने को सच

करने के लिए एक क्षण भी बरबाद नहीं होने दिया। इसी को तो कहते हैं, जीने के लिए मर जाना, मौत को खुली चुनौती देना और फिर सदा के लिए विजय का ऐलान कर देना। क्या था एनी के पास—मन की ऐसी अवस्था, जो सही दिशा में सोचती थी और उसे प्रेरित करती थी।

शुद्ध मूल्य (नेट वर्थ) व आत्म-मूल्य (सेल्फ वर्थ)

हम समृद्धि के बारे में सोच-विचार कर रहे हैं तो इस तथ्य पर चिंतन करना पड़ेगा कि आखिर यह है क्या? हम ऊपर पढ़ चुके हैं कि यह मन की ही एक अवस्था है। असल में हमारा मन समृद्धि की परनाली की तरह है। समृद्धि ऐसा संसाधन है, जो हमारे अंदर की उसी नाली से गुजरती है, लेकिन हम उस नाली को महसूस नहीं कर पाते, इसलिए अनजाने में हम उस नाली में नकारात्मक विचारों का कचरा भरते चले जाते हैं, समृद्धि का स्वाभाविक प्राकृतिक बहाव रुक जाता है और हम समझ ही नहीं पाते हैं कि ऐसा हो गया है, लेकिन आत्म-चिंतन के जरिए जब हम अपने अंदर इस संसाधन को देख लेते हैं, उसके स्वभाव को महसूस कर लेते हैं तो फिर हम उसे मन-माफिक दिशा में मोड़ सकते हैं।

विक्टर फ्रंक्ले को अपने अंदर की समृद्धि की परनाली तब दिखाई दी थी, जब वह यातना शिविर में था। उसके पास जो कुछ भी भौतिक संपत्तियाँ थीं, वे एक-एक कर ध्वस्त कर दी गई थीं, यहाँ तक कि उसके जूते भी। उसके पास जो एकमात्र चीज बची थी, वह थी उसकी खुद में भरोसा करने की क्षमता और उसी क्षमता की बदौलत उसे एहसास हुआ था कि वह अब भी एक अच्छा व्यक्ति है; जबकि हकीकत यह थी कि उससे हर जरूरी भौतिक संसाधन छीने जा चुके थे। उस हालत में फ्रंक्ले के पास बचा ही क्या था, जिसके सहारे वह आगे बढ़ पाता?

अब तक तो उसके आत्म-मूल्य (सेल्फ वर्थ) से शुद्ध मूल्य (नेट वर्थ) तक, यानी भौतिक परिसंपत्तियों का मूल्य छीना जा चुका था। लिहाजा वह किस चीज की बदौलत खुद को समृद्ध बना सकता था, क्योंकि उसे अपने पर भरोसा था कि वह एक अच्छा आदमी था, लेकिन दुनिया तो किसी की

समृद्धि को भौतिक संसाधनों के स्वामित्व के शुद्ध (बाजार) मूल्य से आँकती है। फिर फ्रंक्ले के पास खुद का अंतर या महत्त्व दिखा पाने के लिए बचा क्या था? वही रचनात्मक दृष्टिकोण, जिसे छीन पाना नाजी सत्ता के लिए ही नहीं, दुनिया की किसी भी ताकत के लिए संभव नहीं था। तो उसके पास बचा था सिर्फ व सिर्फ शुद्ध आत्म-मूल्य, उसके मन की ताकत का मूल्य और ज्यों-ज्यों उसके उपयोग का भौतिक नतीजा सामने आता गया, दुनिया फ्रंक्ले को सिर पर बिठाती चली गई, भौतिक संसाधन उसके पीछे दौड़ने लगे; लेकिन फ्रंक्ले ने अपने मन की ताकत पर कभी भी भौतिक धन की ताकत को हावी नहीं होने दिया और वही करता रहा, जो उसके मन ने कहा। तो फिर आप भी क्यों नहीं सुनते अपने मन की? क्यों नहीं पहचान पाते हैं अपने आत्म-मूल्य को? है न सोने की खान आपके भीतर ही!

अब भी नहीं दिखाई पड़ी अपने मन के भीतर की सोने की खान? तो फिर ध्यान से सोचिए व परखिए इस तथ्य को कि पैसा निर्धारित नहीं करता है कि आप कौन हैं; यह तो बस, एक संसाधन है। स्व की मजबूत आंतरिक भावना होना—मैं सामर्थ्यवान् हूँ या मैं समृद्ध हूँ, ही सही मायने में सबसे महत्त्वपूर्ण है। पैसा तो केवल एक बाहरी तत्त्व है। एक बार जब आप आत्म-मूल्य यानी स्व का मूल्य यानी खुद पर भरोसे के मूल्य की तुलना पैसे से करना बंद कर देंगे, तभी आपके लिए अपने अंदर के सोने के खजाने का पहला द्वार खुलता देख पाना संभव हो पाएगा और फिर आप उसके अंदर जाएँगे तो खुद को बेहतर महसूस कर सकेंगे, आपका डर कम होगा और फिर आप खुद में अगले दरवाजे का उत्साह महसूस करेंगे; और जब आप हिम्मत से दूसरे दरवाजे को धक्का देंगे तो फिर आपको बिल्कुल नया दरवाजा खुलता नजर आएगा, आपकी हिम्मत बढ़ती जाएगी, आप में स्व का बोध बढ़ता जाएगा और इसी रास्ते पर आगे बढ़ते हुए आप महसूस करेंगे कि आपके भीतर अनंत दरवाजों को खोल सकने की ताकत है और आपका डर पूरी तरह खत्म हो जाएगा और फिर समृद्धि की अनंत यात्रा पर आगे बढ़ते चले जाएँगे।

लेकिन समृद्धि का, सौभाग्य का, आपके स्व का पहला दरवाजा तभी खुल पाएगा, जब आप अपने वित्तीय लक्ष्यों के बारे में पूरी तरह स्पष्ट होंगे और खुद से घोषणा करेंगे, 'यही तो वह है, जिसे मैं चाहता हूँ (यही तो मेरे मन की, स्व की स्वाभाविक इच्छा है) और इसे प्राप्त करने के कई तरीके हैं। इसके होने की कई संभावनाएँ हैं। यदि कुछ काम नहीं करता है तो मैं कुछ और करने की कोशिश करूँगा और यदि अगली कोशिश भी लक्षित नतीजे नहीं ला पाती है तो आपके लिए यह सुझाव है कि आपको कुछ और चीज आजमाने की जरूरत है। हाँ, यहाँ सावधानी से काम लीज़िए। शुरुआती कोशिशों के इच्छित नतीजे नहीं निकल पाने का मतलब यह नहीं है कि आप गलत थे या आप हार गए या आप कुछ कर नहीं सकते। असल में, इसका मतलब यह है कि आगे कुछ और है, जो अंतत: काम करेगा और वह चीज फिलहाल आपकी पहुँच से दूर है। चाहे कुछ भी हो, आप अभी भी अपने अंदर वही व्यक्ति हैं, जैसा कि पहले भी थे।

यानी यदि किसी ने अपने कब्जे में मौजूद शुद्ध बाजार मूल्य (भौतिक धन) की मात्रा से अपने आत्म-मूल्य को नापने की कोशिश की तो उसके नतीजे भयानक हो सकते हैं। उदाहरण के लिए, किसी महिला के माता-पिता ने उसके लिए न्यास निधि (ट्रस्ट फंड) में अलग से 10 करोड़ रुपए जमा कर रखे हैं और उसे हर साल ब्याज के रूप में 80 लाख रुपए की प्राप्ति हो रही है और वह रकम उसे अंतिम साँस तक मिलनी जारी रहेगी। उसने अपनी दूसरी बहन, जिसके पास भी माता-पिता की न्यास निधि से उतनी ही रकम मिल रही थी, की जीवन-शैली से अपनी तुलना करनी शुरू कर दी और बिना कोई दूसरा काम किए या आमदनी का स्रोत ढूँढ़े ब्याज की निश्चित राशि को बहुत ज्यादा मानकर यानी अपनी संपत्ति से अपनी तुलना कर धन को फिजूल खर्च में उड़ाना शुरू कर दिया था। नतीजतन वह कुछ वर्षों बाद दिवालिया हो गई। इसके उलट, उसकी दूसरी बहन लगातार समृद्ध बनी रही, क्योंकि वह अपने पति के साथ कई अन्य कारोबार भी कर रही थी, जिसकी आमदनी ब्याज की रकम से काफी अधिक थी।

उसने ब्याज की रकम की तरफ ध्यान ही नहीं दिया था। उसने किसी और की संपत्ति के साथ या फिर अपनी संपत्ति से भी अपनी तुलना नहीं की थी और उसने संतुलित जीवन-शैली अपनाए रखी, बिना यह सोचे कि उसकी कुल आमदनी व संपत्ति क्या थी।

असल में, दूसरों से आर्थिक समृद्धि की तुलना करने की बीमारी आम है और यही अधिकांश लोगों के दु:खों की मूल जड़ है। लोग अपनी तुलना अपने दोस्तों, सहकर्मियों, पारिवारिक सदस्यों आदि से करते हैं। जब लोग दूसरों के साथ अपनी तुलना करते हैं तो असल में वे अपने बारे में तथा दूसरों के बारे में निर्णय कर रहे होते हैं, जिसका आधार भौतिक संसाधन के शुद्ध बाजार मूल्य से होता है, न कि आत्म-मूल्य से। जाहिर है कि जब तक आप बाहरी संसाधनों से तुलना करते रहेंगे, आप दूसरों की असल संपत्ति (आत्मिक मूल्य सहित) का आकलन नहीं कर सकते। सार्वभौमिक सत्य यह है कि ईश्वर ने हरेक व्यक्ति को विशेष गुण के साथ पैदा किया है और जब तक आप अपने खुद के आंतरिक गुण के आधार पर फैसले नहीं लेंगे तो आपके सफल होने या समृद्ध होने की यात्रा ही नहीं शुरू हो सकेगी।

और जब आप स्व की क्षमता के आधार पर खुद को देखना शुरू करेंगे, खुद से खुद की तुलना करने लगेंगे तो आपको अपनी कमियाँ नजर आएँगी, आप उसे सुधारने की कोशिशें शुरू कर सकेंगे। फिर आपके स्व की शक्ति जाग्रत् होगी और आपको खुद की विशिष्ट पहचान आपके व दुनिया के सामने उभरती हुई नजर आने लगेगी। यही तो है, तभी तो उपनिषद् घोषणा करते हैं—अहं ब्रह्मास्मि (मैं ब्रह्म हूँ) और ब्रह्म कौन है ? आपका आत्मबोध (सेल्फ रियलाइजेशन) और आत्म-जाग्रत् (सेल्फ अवेयर) मनुष्य ही तो असल में समृद्ध है। वह जो भी चाहेगा, वह भौतिक रूप में फलित कर लेगा; लेकिन आत्मबोध को जाग्रत् करने के लिए आपको आत्म-सुझाव की कलाएँ विकसित करनी होंगी।

अवचेतन मन, आत्म-सुझाव व आत्मबोध

अब तक यह साफ हो चुका है कि सोने के खजाने की चाबी यानी सफलता का मूल मंत्र, यानी समृद्धि का रास्ता आपके खुद के पास ही है और उस चाबी या मंत्र या रास्ते को ही कहते हैं—आत्मबोध। लेकिन यह यों ही हासिल नहीं की जा सकती। हर सिद्धि के लिए व्यक्ति को अपने में एक विशेष कला विकसित करनी पड़ती है और पूरी इच्छा-शक्ति से उस कला का लगातार अभ्यास करना पड़ता है, उसे साधना पड़ता है। इसी तरह समृद्ध मानसिक अवस्था यानी आत्मबोध की उपलब्धि के लिए जिस कला को साधना पड़ता है, उसे आत्म-सुझाव की कला (आर्ट ऑफ सेल्फ सजेशन) कहते हैं।

आत्म-सुझाव की कला के विकास के लिए मनुष्य के अवचेतन मन (सबकॉनसिअस माइंड) की कार्य-प्रणाली को समझना जरूरी है। तमाम वैज्ञानिक क्षेत्रों ने इसकी मौजूदगी को स्वीकार कर लिया है, लेकिन अंतिम परिभाषा अभी भी विवाद का विषय है। भारत ने तो वैदिक युग में ही मनुष्य के भीतर अवचेतन मन की मौजूदगी की घोषणा कर दी थी और वेद, उपनिषद व पुराण में इसकी विशद व्याख्या मौजूद है। अवचेतन मन की उच्चतम अवस्था को प्राप्त कर, यानी आत्मबोध से मनुष्य आध्यात्मिक पुरुष बन जाता है।

खैर, यहाँ हमारा उद्‌देश्य आध्यात्मिक चिंतन की गहराई में नहीं जाना है, लेकिन विषय की गंभीरता तथा उसके व्यापक स्वरूप को जानने के लिए इतनी चर्चा जरूरी थी। सीधी बात यह है कि मनुष्य के मन या मस्तिष्क को दो हिस्सों में बाँटा जा सकता है—चेतन व अवचेतन। मन की संरचना की तुलना आप बर्फ के पहाड़ (आइसबर्ग) से कर सकते हैं। पानी के ऊपर बहुत छोटे हिस्से को चेतन मन माना जाता है और पानी के भीतर के अपने विशाल हिस्से को अवचेतन मन। जाहिर है कि जिस तरह निचले हिस्से के बिना बर्फ के पहाड़ के ऊपरी सिरे को देख पाना संभव नहीं है, उसी तरह हमारा बाहरी स्वरूप—आदतें (हैबिट्स), मनोग्रंथियाँ (कॉम्प्लेक्स),

व्यक्तित्व की सीमाएँ (पर्सनैलिटी लिमिटेशन) विशाल अवचेतन का हिस्सा हैं। यानी चाहे जो भी हम सोचते, समझते व व्यवहार करते हों, सभी उस अवचेतन मन की स्थिति का ही नतीजा (ऊपरी सिरा) है। अवचेतन मन ही हमारे बाहरी स्वरूप के लिए जिम्मेदार है, न कि बाहरी परिस्थितियाँ।

मन की कंप्यूटर प्रणाली—अब सवाल उठता है कि हमारे सभी कर्मों के जिम्मेदार अवचेतन की कार्य-प्रणाली क्या है? वह काम कैसे करते हैं? हम इसकी तुलना कंप्यूटर प्रणाली से कर सकते हैं। कंप्यूटर उसी प्रक्रिया सामग्री कार्यक्रम (सॉफ्टवेयर प्रोग्राम) को निष्पादित (एक्सीक्यूट) करता है, जो उसमें डाला गया हो। इसी तरह हर व्यक्ति का मन प्रक्रिया सामग्री कार्यक्रमों से भरा हुआ है। ये आनुवंशिक यानी जन्मजात भी होते हैं और जन्म के बाद भी माता-पिता, परिवार व समाज में रहते हुए विकसित हुए होते हैं। जैसा कि हम पहले पढ़ चुके हैं, दुर्भाग्य से हमारे मन के अंदर के अधिकांश प्रक्रिया सामग्री कार्यक्रमों का विकास नकारात्मक माहौल में ही हुआ है। नतीजतन, हमारा अवचेतन मन रूपी कंप्यूटर नकारात्मक गणना ही करता रहता है।

जब तक हम मन के कानून (लॉ ऑफ माइंड) से अनजान हैं, तब तक समझ नहीं पाते हैं कि हमारे मानसिक प्रक्रिया सामग्री कार्यक्रमों का निर्माण (प्रोग्रामिंग) कैसे हुई है, यानी बुद्धि-विकास की प्रक्रिया कैसे चलती आ रही है। यदि आप को भी ऐसा ही लगता है कि आप इस प्रक्रिया को नहीं जानते हैं तो यह कोई अजूबी बात नहीं है। अधिकांश लोग इस प्रक्रिया से अनजान ही होते हैं, क्योंकि यह मनुष्य के जन्म के साथ ही शुरू हो जाती है, जब उसमें स्वतंत्र रूप से निर्णय ले पाने की क्षमता का विकास नहीं हुआ होता है। जाहिर है कि मनुष्य स्वाभाविक रूप से बाहरी दुनिया से प्राप्त होनेवाले हर सुझाव (सजेशन) को समान भाव से प्राप्त करता रहता है। ये सुझाव मनुष्य रूपी कंप्यूटर की हार्ड डिस्क (मस्तिष्क) में आँकड़ा-आधार (डेटाबेस) का हिस्सा बनते चले जाते हैं।

आधुनिक मनोविज्ञान ने सिद्ध कर दिया है कि मनुष्य आनुवंशिक गुणों

के साथ पैदा हुआ होता है। इसका प्रमाण यह है कि मनुष्य का शारीरिक रंग-रूप व बनावट ही नहीं, उसका स्वभाव भी बहुत हद तक उसके वंशजों से मिलते-जुलते होते हैं; लेकिन मनुष्य माँ के गर्भ से उत्पन्न होने के बाद सबसे ज्यादा बाहरी दुनिया से प्रभावित होता है, यानी सीखता है, यानी माहौल से प्राप्त सूचनाओं (इन्फॉर्मेशन) या सुझावों (सजेशन) को मस्तिष्क में जमा करता रहा है। इन सूचनाओं/सुझावों को प्राप्त करने की पहली प्रक्रिया माता-पिता, भाई-बहन व परिवार के सदस्यों से शुरू होती है, जो प्राथमिक-माध्यमिक-उच्च विद्यालयों से होती हुई उच्च शिक्षा, समाज व दुनिया भर को समेटती हुई अपने दायरे को लगातार बढ़ाती जाती है।

मन का आँकड़ा, आधार व कार्यक्रम विकास—पैदा होते ही मनुष्य की पाँचों ज्ञानेंद्रियाँ (सेंसर) यानी सूचनाएँ या सुझाव हासिल करनेवाले ज्ञान-अंग (सेंस ऑर्गन)—कान, आँख, नाक, जीभ व त्वचा सक्रिय हो जाते हैं और विभिन्न प्रकार की सूचनाएँ इकट्ठा करते जाते हैं।

आगे बढ़ने से पहले इन ज्ञानेंद्रियों, जीव-वैज्ञानिक कार्यों व प्रभावों को जानना जरूरी है—

कान—ध्वनि का हरेक स्रोत हवा में कंपन या ध्वनि तरंगों (साउंड वेव) भेजता है। ये तरंगें प्रवेश छिद्रों से होते हुए कान की बाहरी सुरंग में बहती हैं और फिर कान के परदे (इयरड्रम) से टकराकर उसमें कंपन (वाइब्रेशन) पैदा करती हैं। कान के बिचले हिस्से की तीन छोटी हड्डियाँ इन कंपनों को कर्णावर्त या अंतःकर्ण गह्वर (भीतरी कान की खाई) में संचारित कर देती हैं। विभिन्न स्रोतों से आनेवाली ध्वनियाँ 20 हट्र्ज से 20 किलोहट्र्ज/20 हजार हट्र्ज तक की ध्वनि-तरंग आवृत्तियाँ (फ्रीक्वेंसी ऑफ साउंड वेव) पैदा करती हैं, जिनसे विभिन्न प्रकार के ध्वनि-प्रभाव बनते हैं और अंत में उनका संकेत मस्तिष्क को भेज दिया जाता है। भारतीय संगीत-शास्त्र ने इन ध्वनि-आवृत्तियों को सात प्रमुख सुरों में बाँटा है—षडज, ऋषभ, गांधार, मध्यम, पंचम, धैवत व निषाद। इन सुरों को साधारण बोलचाल में सरगम—सा, रे, ग, म, प, ध एवं नि कहा जाता

है। इन सरगमों के मेल से उत्पन्न ध्वनि प्रभावों (साउंड इफेक्ट्स) को मानव मस्तिष्क नवरस—शृंगार, हास्य, रौद्र, करुण, वीर, अद्‌भुत, बीभत्स, भयानक व शांत के रूप में स्वीकार करता है।

आँख—प्रकाश की किरणें आँख की बिल्कुल सामने की खिड़की—कॉर्निया के माध्यम से प्रवेश करती हैं। कॉर्निया की अपवर्तक शक्ति (रेफ्रेक्टिव पॉवर) प्रकाश किरणों को इस तरह से झुकाती है कि वे परितारिका (आईरिस)—आँख की वृत्ताकार नीली संरचना के केंद्र में खुलनेवाली पुतली (प्यूपिल) से होकर स्वतंत्र रूप से गुजरने लगती हैं। परितारिका बिल्कुल कैमरे में एक शटर की तरह काम करती है और प्रकाश तरंगों की आवृत्तियों की गतियों के हिसाब से प्रकाश-प्रभावों (लाइट इफेक्ट्स) की रचना करती है, यानी विभिन्न रंग-प्रभावों से सजे संपूर्ण चित्र का निर्माण करती है। मुख्य रूप से प्रकाश की किरणों में सात प्रकार की आवृत्तियाँ होती हैं, जिनसे इंद्रधनुष के सात रंग—बैगनी, नीला, आसमानी, हरा, पीला, नारंगी व लाल बनते हैं, जो प्रभाव-संकेतों के रूप में मस्तिष्क में जाते रहते हैं।

नाक—गंध (स्मेल) वास्तव में रसायन है, जो विभिन्न प्राकृतिक व कृत्रिम स्रोतों से निकलकर हवा में तैरते रहनेवाले अणु कण हैं। ये कण हमें बता सकते हैं कि पास में क्या है। हमारी नाक में विशेष संग्राहक (रिसेप्टर्स) बने हुए हैं, जो इन रसायनों के अनुकणों को चुन सकते हैं। ये हमारी नाक में विभिन्न प्रकार की अनुक्रियाओं (रेस्पोंस) के कारण बनते हैं, जिनसे हमारे मस्तिष्क को गंध-प्रभावों (स्मेल इफेक्ट्स) के संदेश मिलते हैं।

जीभ—यह मांसल जलस्थिति मापक उपकरण (मस्कुलर हाइड्रोस्टेट) है। इसकी अधिकांश ऊपरी सतह कई स्वाद-कलियों (टेस्ट बड) से सुसज्जित हैं और प्रत्येक स्वाद-कली स्वाद संग्राहक कोशिकाओं (टेस्ट रिसेप्टर सेल) से सुसज्जित है, जो विशेष स्वाद-वर्गों की पहचान कर सकने में सक्षम है। आयुर्वेद की अवधारणा के मुताबिक, ये कोशिकाएँ छह स्वादों—मीठा, नमकीन, खट्टा, तीखा, कसैला व कड़वा को पहचान सकती हैं और उनकी सूचनाएँ मस्तिष्क को भेजती रहती हैं।

त्वचा—यह मानव शरीर की आवरण-प्रणाली (इंटेगुमेंटरी सिस्टम) का सबसे बड़ा अंग है। इसमें बहिर्जन स्तरीय ऊतक (एक्टोडर्मल टिश्यू) की कई परतें मौजूद हैं, जो शरीर की भीतरी मांसपेशियों, हड्डियों व आंतरिक अंगों की सुरक्षा करती हैं। चूँकि यह पर्यावरण के साथ सीधा संपर्क स्थापित करती है, इसलिए त्वचा रोग-जनकों (पैथोजेन) और जरूरत से ज्यादा पानी की कमी से भी शरीर को बचाए रखने में महत्त्वपूर्ण भूमिका निभाती है। त्वचा के अन्य यांत्रिक कार्यों में रोधन (इंसुलेशन), तापमान विनियमन (टेंपरेचर रेगुलेशन), विटामिन-डी का संश्लेषण (सेंथेसिस) और विटामिन-बी के फोलिक एसिड का संरक्षण शामिल है; लेकिन त्वचा का सबसे संवेदनशील काम अनुभूति (सेंसेशन) का संकेत पैदा करना है। शरीर के विभिन्न अंगों की त्वचाओं में तंत्रिका-शिराएँ (नर्व इंडिंग) मौजूद हैं, जो गरमी, सर्दी, स्पर्श, दबाव, कंपन व ऊतकों की चोट पर विशेष प्रतिक्रियाएँ करती हैं और उनसे प्राप्त संकेतों से मस्तिष्क विशेष स्पर्श धारणाएँ (टेक्टिकल परसेप्शन) बनाता है। इन्हीं स्पर्श धारणाओं को अनुभूतियाँ कहते हैं।

चूँकि बचपन में मनुष्य का मस्तिष्क अपरिपक्व होता है, यानी मानव रूपी कंप्यूटर की हार्डडिस्क (मस्तिष्क) पूर्णतया खाली रहती है और तब तक उसमें किसी प्रकार का सामग्री प्रक्रिया कार्यक्रम (सॉफ्टवेयर प्रोग्राम) का विकास नहीं हो सका होता है, इसलिए बच्चे का मस्तिष्क इन ज्ञानेंद्रियों (सेंसर) के द्वारा भेजी गई सूचनाओं, सुझावों व धारणाओं को बस, यों ही अपने भीतर जमा करता चला जाता है। यानी बिना किसी गणना (जोड़-घटाव, गुणा-भाग) के, यानी सूचना विशेष की उपयोगिता पर विचार किए बिना ही तमाम सूचनाएँ मस्तिष्क में स्थापित होती जाती हैं। फिर ज्यों-ज्यों बच्चे का विकास होता जाता है, मस्तिष्क उन सूचनाओं के आधार (डेटाबेस) पर विभिन्न प्रकार के प्रक्रिया सामग्री कार्यक्रमों (सॉफ्टवेयर प्रोग्राम) का विकास करता चला जाता है। इसी को सीखने की प्रक्रिया कहते हैं।

बच्चा क्या सीखता है? जो उसे सिखाया जाता है या अपने आप सीखता है, यानी उसके मस्तिष्क में जिस प्रकार के सॉफ्टवेयर की कूटलिपि (कोडिंग) टंकित (टाइप) की जाती है। कैसे होता है कूटलिपि का टंकण? माता-पिता, परिवार के सदस्य, गुरुजन, समाज व देश-काल-परिस्थितियों के द्वारा कैसे होता है आधारभूत प्रक्रिया सामग्री कार्यक्रम (बेसिक सॉफ्टवेयर प्रोग्राम) का टंकण व विकास? विशेष कूट-भाषा (कोडिंग लैंग्वेज) के जरिए विशेष कार्यक्रमों का टंकण व विकास होता है। इस तरह जब तक बच्चा पीता-खाता-खेलता हुआ (शारीरिक रूप से), लिखता-पढ़ता हुआ (मानसिक तौर पर) और गाता-रोता (भावनात्मक रूप से) परिपक्व व्यक्ति के रूप में विकसित होता है, तब तक उसके मस्तिष्क में सभी आधारभूत सॉफ्टवेयर कार्यक्रमों का भी विकास हो चुका होता है।

अर्थात् मनुष्य रूपी कंप्यूटर का हार्डवेयर (शरीर) व सॉफ्टवेयर (मस्तिष्क) विभिन्न प्रकार की गणनाओं के लिए, यानी विभिन्न प्रकार के फैसलों के लिए आधारभूत कार्यक्रमों का सहारा लेता है, अर्थात् भले ही किसी व्यक्ति का शरीर कितना ही स्वस्थ हो (हार्डवेयर कितना भी शक्तिशाली, वह सिर्फ वही गणनाएँ या फैसले कर पाता या कर सकता है, जिनके सामग्री प्रक्रिया कार्यक्रम (सॉफ्टवेयर प्रोग्राम) उसके मस्तिष्क में मौजूद रहते हैं और जिन कार्यक्रम भाषाओं में उनकी कूटलिपि टंकित की गई होती है—आम बोलचाल की भाषा में, आप वही सबकुछ कर पाते हैं या कर सकते हैं, जिनके लिए आपका मानसिक विकास हुआ होता है।

दोषपूर्ण कूटलिपि रचना के नतीजे—अब तक साफ हो चुका है कि हम वही करते हैं, जैसी कि हमारे मानसिक कार्यक्रम की रचना हुई होती है। लिहाजा, यदि कार्यक्रम दोषपूर्ण है तो उसके नतीजे भी स्वाभाविक रूप से दोषपूर्ण होंगे। यानी आपके मानसिक कार्यक्रम में एक भी शब्द, जान-बूझकर या फिर अनजाने, गलत टंकित हो गया है तो वह आपकी गणना को बिगाड़ सकने के लिए काफी है। इसके लिए अनेक उदाहरण दिए जा सकते हैं, जैसे कि अपनी गरीबी से परेशान माता अपने बच्चे को यह कह

सकती है—तुम कभी धनी नहीं बन सकते या तुम जिंदगी में कुछ भी हासिल नहीं कर सकते। तुम अपने पिता की तरह ही जिंदगी में असफल रहोगे।

हालाँकि माँ द्वारा कही गई ये बातें या सुझाव घोर निराशा भरे पलों में खीझ या गुस्से में फूटकर बाहर निकले हुए होते हैं, फिर भी बच्चे का अपरिपक्व मस्तिष्क उसे अपने अंदर स्थापित कर लेता है। समय के साथ-साथ ये बातें भले ही भुला दी गई हों, लेकिन वह मस्तिष्क (हार्ड डिस्क) के विशाल आँकड़ा आधार में मौजूद रहती हैं। यही कारण है कि आपकी बचपन की घटनाएँ या बातें कभी-कभी बस यों ही या बार-बार आपके तात्कालिक आदेश के बिना ही, बिना सोचे-समझे ही, आपको याद आ जाती हैं; क्योंकि यह मनुष्य रूपी कंप्यूटर प्रणाली की स्वाभाविक क्षमता है, जिसे कंप्यूटिंग की भाषा में यादृच्छिक अभिगम स्मृति (रैंडम एक्सेस मेमोरी/रैम) कहा जाता है।

ऐसे में भले ही आप अपने मस्तिष्क के आँकड़ा-आधार को पढ़-लिखकर जितना भी बड़ा कर लें, उसमें कितने ही अच्छे नतीजे ला सकनेवाली सूचनाएँ भर कर नए सॉफ्टवेयर का विकास कर लें, यदि आपका आधारभूत सॉफ्टवेयर दोषपूर्ण है, यानी आपके अवचेतन मन में नकारात्मक सूचनाएँ पड़ी हुई हों तो आपकी गणना दोषपूर्ण होगी; क्योंकि गणना करते समय आपके मस्तिष्क की कंप्यूटर प्रणाली अपनी रैम क्षमता के जरिए उसे मौजूदा गणना का हिस्सा बना लेती है।

मतलब, जब भी आप धनी बनने की तैयारी करते हैं, यानी समृद्ध लोगों/ करोड़पतियों की तरह फैसले करने की कोशिश करते हैं, आपकी सोच का दोषपूर्ण कार्यक्रम नतीजे को बिगाड़ देते हैं। आपकी कोशिशें अपेक्षित नतीजे नहीं ला पाती हैं। आप असफल साबित हो जाते हैं, चूँकि आपको अपने बचपन के अवचेतन मन पर खोदी गई कूटलिपि व आधारभूत मानसिक कार्यक्रमों की जानकारी नहीं होती है, इसलिए आपके लिए यह समझ पाना मुश्किल हो जाता है कि आपके फैसले या नतीजे गलत क्यों साबित हो जाते हैं।

आत्म-सुझाव से मानसिक कार्यक्रम शुद्धीकरण—यदि आप शांत-चित्त से बैठें और अपने मन के आईने को गौर से देखें तो सारी तसवीर साफ हो जाएगी। आपने साहिर लुधियानवी फिल्म 'काजल' का गीत 'तोरा मन दर्पण कहलाए' जरूर सुना होगा; लेकिन उसके भावार्थ को ध्यान से समझने की कोशिश की? यदि नहीं, तो फिर से पढ़िए इस गीत को और समझिए कि गीत के रूप में गीतकार ने किस सार्वभौमिक मानसिक संरचना सिद्धांत को इसमें पिरोया है—

तोरा मन दर्पण कहलाए,
भले-बुरे सारे कर्मों को, देखे और दिखाए। तोरा मन···
मन ही देवता, मन ही ईश्वर, मन से बड़ा न कोय;
मन उजियारा, जब-जब फैले, जग उजियारा होय;
इस उजले दर्पण पर प्राणी, धूल न जमने पाय। तोरा मन···
सुख की कलियाँ, दुःख के काँटे, मन सब का आधार;
मन से कोई बात छुपे ना, मन के नैन हजार;
जग से चाहे भाग ले कोई, मन से भाग ना पाय। तोरा मन···

जी हाँ, हमारे सभी कर्मों, हमारे द्वारा उठाए जानेवाले कदमों, कार्यों, चाहे वे आपके द्वारा जान-बूझकर किए जा रहे हों या फिर अनजाने में, उन सबका आधार मन ही है। आध्यात्मिक चिंतन में यह बार-बार कहा जाता है कि मनुष्य को अपने पूर्वजन्म के पापों का भी प्रायश्चित्त करना पड़ता है या फिर कहा जाता है कि यह तो इस व्यक्ति का जन्मजात संस्कार है। क्या है इन बातों का आधार? जी हाँ, हमारे अवचेतन मन पर अपने पूर्वजों-वंशजों सहित मौजूदा लोगों—माता-पिता, भाई-बहन, परिवार, गुरु-पाठशाला, समाज-काल-परिस्थिति सभी का असर होता है; क्योंकि इन सभी सूचनाओं, सुझावों व धारणाओं को हमारा अवचेतन मन स्वाभाविक रूप से स्वीकार करता चला जाता है। जाहिर है कि यह एक भयानक मानसिक दोष है, बीमारी है और इसका इलाज भी संभव है। हम अपने मानसिक कार्यक्रमों की कूटलिपि संरचना यानी सामग्री प्रक्रिया कार्यक्रमों

का शुद्धीकरण कर सकते हैं और फिर उसके आधार पर नए कार्यक्रम का विकास कर सकते हैं।

कैसे? बिल्कुल कंप्यूटर सॉफ्टवेयर की तरह। इसके लिए अनुभवी मनोवैज्ञानिक का सहारा भी लिया जा सकता है और आप स्वयं भी इस कार्यक्रम को सही कर सकते हैं। इस प्रक्रिया को कई नामों से पुकारा जाता है—मानसिक कार्यक्रम निर्माण (मेंटल प्रोग्रामिंग), सकारात्मक सोच-विचार (पॉजिटिव थिंकिंग), आत्म-स्वीकृति (सेल्फ एफर्मेशन), आत्म-सम्मोहन (सेल्फ हिप्नोसिस) तथा मनोशक्ति संचार विज्ञान (साइको-साइबरनेटिक्स) आदि; लेकिन सभी कार्यक्रमों का मूल आधार है—आत्म-सुझाव। जब आप अपने मन के नियम व उसकी कार्य-प्रणाली को समझ चुके हैं तो आप इन आत्म-सुझाव कार्यक्रमों के जरिए अपने मन के आधारभूत कार्यक्रम निर्माण की कूटलिपियों का विश्लेषण कर सकते हैं। कंप्यूटिंग भाषा में इस प्रक्रिया को सॉफ्टवेयर की डिकोडिंग (कूटलिपि विश्लेषण) कहा जाता है।

आत्म-सुझाव की जटिल प्रक्रियाओं में उलझने की बजाय आप बेहद आसान प्रयोग कर सकते हैं, जिसके जरिए मन की डिकोडिंग व कूटलिपि का संशोधन (मॉडिफिकेशन) व पुनर्लेखन (रिराइटिंग) संभव है।

आत्म-सुझाव का जादू—जी हाँ, कुछ शब्द ही आपकी जिंदगी को बदल देने में सक्षम हैं, यानी आपके मानसिक कार्यक्रम के संशोधन व पुनर्लेखन में अचूक दवा का काम कर सकते हैं। इसलिए भारतीय सनातन वैदिक ज्ञान-भंडार (वेद, उपनिषद्, पुराण) में शब्द को ब्रह्म कहा गया था। शब्द की सीमा अनंत है, असीमित है। प्रेम की घोषणा, एक जरा सी बुरी खबर, बधाई के शब्द, सभी का हमारे अवचेतन मन पर असर होता है और दिलचस्प तथ्य यह है कि इन शब्दों को, जो कि महज सुझाव भर हैं, जरूरी नहीं कि ये सच ही हों, फिर भी हमारा मन उन्हें सहजता से, स्वाभाविक रूप से स्वीकार करता है।

जैसे आपके मालिक या बॉस ने आपको यह कहा कि वह आपके

फलाँ काम से बहुत खुश है और वह आपको बधाई देता है। हो सकता है कि वह सचमुच में आपके काम से संतुष्ट व खुश हो और आपको दिल से बधाई दे रहा हो। लेकिन यह भी हो सकता है कि वह जानता हो कि आप किसी व्यक्तिगत संकट—माता-पिता की बीमारी, पत्नी से तलाक की नौबत या फिर किसी अन्य कारण से बुरी तरह परेशान हैं और वह आपको उत्साहित करने के लिए बधाई देने का नाटक कर रहा हो तो क्या आपका मन उसको अस्वीकार कर देता है ? क्या आपको खुशी नहीं मिलती ? क्या आप उत्साहित नहीं हो उठते हैं ? क्या आपको अच्छा नहीं महसूस होता है ? हो सकता है कि आप खुद भी जानते हों कि आपका बॉस सचमुच में खुश नहीं है और वह बधाई देने का नाटक कर रहा था। फिर भी आपका मन उसे सहजता से स्वीकार करता है, आप खुश होते हैं। आपके मन में अपने बॉस के लिए सकारात्मक भावना उपज़ती है।

एक प्रचलित पुरानी कहावत है। कुछ भी सफलता की तरह सफल नहीं होता। क्या यह सिर्फ एक कहावत है ? जी नहीं, यह उक्ति पूरी तरह से ठोस मनोवैज्ञानिक आधार पर खड़ी है। अभिप्रेरण (मोटिवेशन) पर अध्ययन करनेवाले शोधार्थियों ने पाया है कि अधिकांश अभिप्रेरित लोगों के बीच अपने-अपने क्षेत्र में सफलता का सामान्य मुख्य कारक है उनकी आत्म-धारणा (सेल्फ परसेप्शन)।

इसी प्रकार के एक शोध के दौरान दस-दस व्यक्तियों के दो समूहों को कुछ काल्पनिक पहेलियाँ हल करने के लिए दी गईं। जानबूझकर अधिकांश लोगों द्वारा गलत हल करने के बावजूद पहले समूह में सात को सफल घोषित कर दिया गया तो दूसरे समूह के अधिकांश लोगों द्वारा सही उत्तर दिए जाने के बावजूद सात लोगों को असफल कर दिया गया। फिर यही क्रम दोहराया गया तो पहले समूह के अधिकांश लोगों ने सही जवाब दिए, जबकि दूसरे समूह के अधिकांश लोगों ने गलत। ऐसा इसलिए हुआ कि पहला समूह गलत हल किए जाने के बावजूद सफल घोषित किया गया था और उनमें यह सामन्य आत्म-धारणा कायम हो गई

कि उनमें सफल होने की क्षमता है; जबकि दूसरे समूह में असफलता की आत्म-धारणा पनप गई।

तो आत्म-सुझाव के जरिए आत्म-धारणा विकसित की जा सकती है। यदि आप दृढ़ इच्छा-शक्ति के साथ खुद को सफल मानना शुरू करेंगे तो उसके अच्छे नतीजे मिलेंगे। सबसे पहले आत्म-निरीक्षण जरूरी है। फिर एक-एक क़मी को आत्म-सुझाव के माध्यम से दूर करना पड़ेगा। जैसे-जैसे यह प्रक्रिया आगे बढ़ेगी, आपकी आत्म-धारणा मजबूत होती जाएगी, आपके फैसले सही होते जाएँगे और अंत में नकारात्मक सोच की कूटलिपि आपके आधारभूत मानसिक कार्यक्रम से खत्म हो जाएगी, फिर आप में आत्मदर्शी व्यक्ति का उदय होगा, यानी आप सही-गलत को ठीक तरह समझ पाएँगे, आप अपनी गलतियों से हार मानने की बजाय सीखने लगेंगे···और जब यह होने लगे तो समझ लीजिए कि आप में आत्मबोध का विकास हो रहा है। फिर आप कर्मयोगी होने लगेंगे, सफलता-असफलता को समान भाव से देखने लगेंगे, यानी आप में साक्षी-भाव का उदय होगा। यही तो है आत्मबोध।

इसके गहरे दार्शनिक विश्लेषण किए जाते हैं; लेकिन आपको उस आध्यात्मिक गहराई में जाने की जरूरत नहीं है। सिर्फ 'गीता' में श्रीकृष्ण द्वारा उलझन में फँसे अर्जुन को दिए गए उपदेश को दोहराइए, जो आपको आत्मबोध से प्रेरित कर्म करने लिए हमेशा प्रेरित करेगा—

कर्मण्येवाधिकारस्ते मा फलेषु कदाचन।
मा कर्मफलहेतुर्भूर्मा ते सङ्गोऽस्त्वकर्मणि॥

अर्थात् तेरा कर्म करने में ही अधिकार है, उसके फलों में कभी नहीं। इसलिए तू कर्मफल में हेतु रखनेवाला मत हो तथा तेरी अकर्म में (कर्म न करने में) भी आसक्ति न हो।

इसी को कहते हैं अकर्ता भाव से कर्म, यानी मैं जो कर रहा हूँ, वह मैं नहीं कर रहा, बल्कि हमारे अवचेतन मन को नियंत्रित करनेवाली शक्ति उसे कर रही है। फिर आप सारे कर्मों को करते हुए भी स्वयं को किसी

गवाह के रूप में खड़ा देख पाएँगे, यानी आपके भीतर साक्षी-भाव का उदय होगा। फिर आपका हर कर्म पूजा हो जाएगा और उसका सफल होना पहले से ही तय हो जाएगा। आप पहले ही अपने हर कर्म के नतीजे को देख सकने में सक्षम हो जाएँगे। जब वह भौतिक रूप में विकसित होकर सामने आएगा तो दुनिया आपको उसका स्वामी बताएगा, सफल बताएगी; लेकिन आपके लिए तथाकथित सफलता मंजिल नहीं रह सकेगी। आप तो तब सिर्फ व सिर्फ यात्री बचे रहेंगे। चलना आपकी दिनचर्या बन जाएगी और सफलताएँ मील के पत्थर।

यदि आपको इस भाव का जीता-जागता उदाहरण देखना हो तो किसी सफल कारोबारी प्रतिष्ठान में पहुँच जाएँ, आपको वहाँ के वयोवृद्ध संस्थापक भी अपनी दिनचर्या में व्यस्त नजर आ जाएँगे। असल में, वे तमाम कार्यकारी जिम्मेदारियों से खुद को कब का मुक्त कर चुके होते हैं, लेकिन वह जीवन के अंतिम क्षण तक खुद को कर्मभूमि में बनाए रखते हैं। मैकडोनॉल्ड कॉरपोरेशन के संचालक रे क्रोक इस भाव के सबसे चर्चित कारोबारियों में शीर्ष पर रखे जाते हैं, जिन्होंने मृत्यु-शय्या पर जाने से कुछ दिनों पहले तक काम किया था। यही तो है 'गीता' का कर्मयोग और हममें से कोई भी कर्मयोगी बन सकता है।

सार-संक्षेप

- आपने इस अध्याय में यह जान लिया है कि धन का अकूत खजाना आपके भीतर ही है। यह मन की ही एक अवस्था है और जब कोई व्यक्ति अपने भीतर सकारात्मक भाव पैदा करता है तो मन की इस अवस्था को प्राप्त किया जा सकता है। याद रखें, आपके पास अपना दृष्टिकोण ही है, जिसे कोई भी छीन नहीं सकता और फिर आपको अपने दृष्टिकोण के मुताबिक आगे बढ़ने से भी रोक नहीं सकता।
- मन की सकारात्मक अवस्था व्यक्ति में आत्म-मूल्य (सेल्फ वर्थ)

को जाग्रत् करती है। फिर वह अपने शुद्ध बाजार मूल्य (नेटवर्थ) से अपनी तुलना नहीं करता, उसके पीछे नहीं भागता और सिर्फ आत्म-मूल्य को बढ़ाने की कोशिश करता है।

➢ आत्म-सुझाव के जरिए मानसिक कार्यक्रम यानी सोच को बदला जा सकता है।

तो फिलहाल खुद को दीजिए सुझाव—

- मैं दिन पर दिन धनी हो रहा हूँ।
- मैं अपना आदर्श काम ढूँढ़ने जा रहा हूँ, जो मेरी सभी जरूरतों को पूरा कर देगा।
- मुझे मेरे लक्ष्य में मददगार व्यक्ति जरूर मिलेगा और मैं उसे ढूँढ़कर ही दम लूँगा।
- मैं अपने लिए एक आदर्श साझीदार ढूँढ़ रहा हूँ और वह मुझे जल्द ही मिलने वाला है।
- मैं अपनी वार्षिक आमदनी को दोगुनी करने वाला हूँ।
- मेरी क्षमताएँ बेहतर हो रही हैं, जो मुझे आमदनी बढ़ाने की अनुमति दे रही हैं।
- मैं लगातार कोशिशें जारी रखूँगा, जब तक कि मंजिल न मिल जाए।
- मुझे पहली मंजिल पर रुकना नहीं है। मेरे सपने बहुत बड़े हैं। मैं लगातार चलूँगा। मैं तो कर्मयोगी हूँ।

□

4

कैसे हटाएँ मानसिक रुकावटों को?

"सारा जीवन संघर्ष की माँग करता है। जिनके पास सबकुछ दिया हुआ है, वे सुस्त, स्वार्थी व जीवन के वास्तविक मूल्यों के प्रति असंवेदनशील हो जाते हैं। आज जो व्यक्ति हम हैं, उसमें प्रयास व कड़ी मेहनत ही प्रमुख निर्माण-खंड (बिल्डिंग ब्लॉक) है, जिससे हम लगातार बचने की इतनी कोशिश करते हैं।"

—छठे पोप पॉल

पूर्व प्रधान पुजारी, सैन मार्टिनो ऐ मोंटि (रोम, इटली)

"मानसिक रुकावटों (मेंटल ब्लॉक) को खुद पर नियंत्रण न करने दें। अपने को स्वतंत्र बनाएँ। अपने डर का सामना करें और मानसिक रुकावटों को निर्माण-खंडों (बिल्डिंग ब्लॉक) में बदल डालें।"

—डॉ. रूपलीन

आयुर्विज्ञान चिकित्सक, प्रेरक सलाहकार व वक्ता

नए बहुमंजिला भवन के निर्माण के लिए पुराने भवन को पूरी तरह से ध्वस्त कर देना पड़ता है और जितना ऊँचा भवन, उतनी मजबूत नींव की रचना करनी पड़ती है। भवन की भव्यता, उपयोगिता व मजबूती उसकी नींव की सटीक संरचना, निर्माण-सामग्रियों की गुणवत्ता और वास्तुशिल्प

नियोजन व कार्यान्वयन (आर्किटेक्चरल प्लानिंग एंड एक्सीक्यूशन) पर निर्भर करती है। ठीक उसी तरह अपनी आत्म-छवि (सेल्फ इमेज) की काया-पलट कर नए व्यक्तित्व के निर्माण के लिए सबसे पहले नकारात्मक मानसिकता (नेगेटिव माइंडसेट) की कमजोर नींव पर खड़ी पुरानी इमारत को पूरी तरह से ध्वस्त करने का साहस जुटाना पड़ता है। फिर आत्म-लक्ष्य (सेल्फ गोल) के मुताबिक मानसिक वास्तुकलाओं का विकास करना पड़ता है, भावी जीवन-भवन का मानचित्र तैयार करना पड़ता है, सकारात्मक सोच की सामग्रियों-संसाधनों को जुटाना पड़ता है और फिर धैर्य के साथ मंजिल-दर-मंजिल निर्माण कार्यक्रम को लागू करते रहना पड़ता है।

तो क्या आप अपनी पुरानी आत्म-छवि यानी आपने अपने बारे में जो धारणा बना रखी है, यानी आपने जीवन के बारे में जो कल्पना की हुई है, उसको बदलने के लिए तैयार हैं? साफ है कि आपने इस पुस्तक को यहाँ तक पढ़ लिया है तो आप खुद को मानसिक रूप से करोड़पतियों की तरह सोचने का मन बना चुके हैं। तो एक बार फिर से पिछले तीनों अध्यायों के सार-संक्षेप को पढ़िए और पूरी इच्छा-शक्ति के साथ तैयार हो जाइए अपनी मानसिक बाधाओं को हटाने के लिए। यह काम संभव तो है, लेकिन व्यक्तित्व की कायापलट का काम थोड़ा जटिल व अनुमान से ज्यादा धैर्य की माँग करता है। घबराने की जरूरत नहीं; बस, यही जानने की जरूरत है कि जब समृद्धि की सोच विकसित करने की ठान ली है तो अपनी मानसिक बाधाओं को अपने रास्ते से हटाना पड़ेगा। धनवान् बनने की राह पर आगे कदम बढ़ानेवाले साहसी लोगों की दो प्रमुख सामान्य बाधाएँ हैं—पैसा गंदी चीज है और पारिवारिक पृष्ठभूमि व पालन-पोषण के खिलाफ जाने का डर।

जीवन में रुपए-पैसों का असली महत्त्व

समृद्ध बनने के रास्ते की सबसे बड़ी सामान्य बाधा यह सोच ही है कि रुपया-पैसा गंदी चीज है और इस रास्ते पर आगे जाने का मतलब

अपने जीवन को गंदे रास्ते पर डालना है। यह भी हमारे अवचेतन मन पर गलत कूटलिपि टंकित किया कार्यक्रम ही है। गरीबी में जीने की आदत पाल लेनेवाले लोग आमतौर पर यही सुझाव देते हुए पाए जाते हैं कि धनी होने की चाहत रखना अस्वस्थ सोच है। जो धनवान् बनने के लिए जीवन को सुधारने की आकांक्षा पालते हैं, वे बेईमान-धूर्त-विवेकहीन पूँजीवादी और बेशर्म-असभ्य भौतिकतावादी होते हैं।

जीवन में असफलता को स्वीकार लेनेवाले अधिकांश लोगों की यह सोच पुराने नैतिकतावाद के अवशेष ही हैं। जमाना गुजर गया, लेकिन पुरातन जीवन-धारणा के अंश अभी भी उनके सोच का हिस्सा बने हुए हैं। हकीकत क्या है? क्या सचमुच ये लोग नैतिकतावादी हैं या फिर उसका ढोंग कर रहे हैं? जरा ध्यान से परखिए इस सोच के लोगों को, जल्द ही साफ हो जाएगा कि अधिकांश लोग 'अंगूर खट्टे हैं', वाली कहावत को अपना जीवन-दर्शन बनाए हुए हैं। वे अंगूर का असली स्वाद जाने बिना ही अंगूर को खट्टा मानकर उसे प्राप्त करने की कोशिश को गैर-जरूरी बताकर दूसरों को वैसा ही सुझाव देते हैं या फिर जान-बूझकर अंगूर को खट्टा बताने का ढोंग करते हुए दूसरों को अंगूर खाते देखकर लालच करते हैं। तो धन का लालच न करने का भाषण देनेवाले ये लोग भी असल में धनी बनना चाहते हैं; लेकिन ये धनी बनने की सिर्फ लालसा रखते हैं, उस रास्ते पर आगे बढ़ने की हिम्मत यानी कर्म करने को तैयार नहीं होते। साफ है कि ये ढोंगी लोग भी धन की ताकत व उपयोगिता को समझते हैं, लेकिन उसके लिए उचित कठोर कर्म करने से हिचकते हैं और इसी कारण अब तक असफल होते रहे हैं। इनकी हिचक के पीछे भी अवचेतन मन पर पूर्वग्रहों (प्रेज्यूडिस) या पूर्व धारणाओं का अवशेष बचा हुआ है।

धनी बनने के रास्ते की दूसरी सामान्य बाधा है पारिवारिक पृष्ठभूमि व पालन-पोषण के खिलाफ जाने का डर। हालाँकि सभी लोग इस बीमारी के शिकार नहीं होते, फिर भी अपनी पारिवारिक मान्यताओं के खिलाफ जाने के डर से अधिकांश लोगों को धनी बनने के कठोर रास्ते पर चलना

जोखिम भरा काम नजर आता है। जैसा कि हम दूसरे अध्याय में पढ़ चुके हैं कि गरीबी के संघर्ष के चलते पैदा हुई हताशा व अपमान अधिकांश सफल व्यक्तियों के भाग्य-निर्माण में बाधा नहीं बन सके, बल्कि उत्प्रेरक (कैटेलिस्ट) का काम किया। रसायन-शास्त्र (केमिस्ट्री) में उत्प्रेरक उन तत्त्वों को कहते हैं, जो रासायनिक प्रतिक्रियाओं में भाग नहीं लेते, पर उसकी गति को तेज या कम कर सकते हैं, तो यदि व्यक्ति का नजरिया सकारात्मक रहे तो गरीब पारिवारिक पृष्ठभूमि की हताशा व अपमान उनके मन की समृद्ध बनने की प्रक्रिया को धीमी करने के बजाय तेज कर सकते हैं। ऐसा ही उन अरबपतियों के साथ हुआ, जिन्होंने अपनी पारिवारिक पृष्ठभूमि की सीमाओं को तोड़ दिया और वहाँ तक पहुँच जाने में सफल हो गए कि दुनिया भर के लिए सफलता के पैमाने बन गए।

अब सवाल उठता है कि हम क्यों अपने डर को अपने मन से दूर नहीं कर सकते? विपरीत परिस्थितियों व घोर गरीबी से निकलकर अरबपतियों की सूची में शुमार होने तथा ऊँचे स्थानों पर जानेवाले लोगों ने साबित कर दिया है कि गरीबी दूर हो सकती है और जो लोग अब भी मानते हैं कि उनकी गरीब पारिवारिक पृष्ठभूमि उन्हें सौभाग्य-पथ पर नहीं चलने देगी और जो इस प्रकार के पूर्वग्रहों के डर से आतंकित होकर धनी बनने की कोशिश करना नहीं चाहते, वे असल में गंभीर मानसिक बीमारी के शिकार हैं और उन्हें इसके इलाज की जरूरत है। जी हाँ, भले ही ये शब्द कठोर लगेंगे, लेकिन सच यही है। अपनी बेहतर संभावनाओं के बारे में न सोच पानेवाले यानी अपनी नकारात्मक सोच को समझकर उसे दूर करने की कोशिश न कर पानेवाले लोग मानसिक रोगी हैं और उन्हें तत्काल मनोचिकित्सक की सेवा-सलाह की जरूरत है।

साथ ही आपको दुबारा कह दूँ कि यदि किसी ने गरीबी को बीमारी बना रखा है या फिर गरीबी बीमारी है तो उसका इलाज भी संभव है। ध्यान रखें कि मनुष्य के मन के बाहर यानी अपनी सोच या दृष्टिकोण या नजरिए के दायरे से बाहर ऐसी शर्तें, विवशताएँ या परिस्थितियाँ नहीं हैं, जिनका

हल खुद मनुष्य का मन न ढूँढ़ सकता हो। जो लोग अपने मन की शक्ति की सच्चाई को जानते-समझते हैं, वे न केवल सफल ही हो सकते हैं, बल्कि अपनी उच्चाकांक्षाओं (एस्पिरेशन), महत्त्वाकांक्षाओं (एंबिशन), इच्छाओं (डिजायर) के मुताबिक अपने वर्तमान व भविष्य के जीवन को अन्य आकार दे सकते हैं। जो लोग जीवन के इन मौलिक सिद्धांतों (फंडामेंटल लॉ) के प्रति जागरूक हैं और अपने जीवन में इसका उपयोग करते हैं, वे हो सकते हैं, वे जो भी होना चाहते हैं और कुछ भी—जी हाँ, कुछ भी उनका रास्ता रोक नहीं सकता। परिस्थितियाँ उनके सामने घुटने टेक देंगी और उनकी इच्छाओं की गुलाम हो जाएँगी, उनके हुक्म को मानेंगी और वे हो जाएँगे खुद के राजा, भाग्य-निर्माता, अपनी मरजी के मालिक। तो हम आपका समृद्धि के इस राजपथ पर स्वागत करते हैं और इसके मौलिक सिद्धांतों की गहरी व्याख्या शुरू करते हैं।

धन का वास्तविक महत्त्व—यदि किसी के मन में यह पूर्वग्रह है कि रुपया-पैसा गंदी चीज है और वह अपने परिवार की अपेक्षाओं से ऊपर उठने से मना करता है तो यह बेहद शर्मनाक स्थति है, जिसकी जितने भी कठोर शब्दों में निंदा की जाए, वह कम ही होगी। किसी की मौद्रिक महत्त्वाकांक्षा (मोनेटरी एंबिशन) वाले व्यक्ति को स्वार्थी आत्मावाला पूँजीवादी करार देना भी पूरी तरह से पथभ्रष्ट विचार (मिसगाइडेड आइडिया) या गुमराह सोच ही है। चलिए, हम उस धन की बात नहीं करते हैं, जो किसी को संयोगवश विरासत में मिला है या फिर लॉटरी या दूसरे तरह के जुए पर दाँव लगाने से या किसी समाज व देश को नुकसान पहुँचा सकने, अनैतिक व गैर-कानूनी कारोबार से; लेकिन यदि किसी ने अपनी मेहनत, लगन व ईमानदारी से अकूत धन जमा कर लिया है तो उसे क्या कहेंगे? यह तो उसके अच्छे कार्यों की पहचान है, फल है, पुरस्कार है। तो फिर उस व्यक्ति की प्रशंसा होनी चाहिए या निंदा?

चलिए, इस मुद्दे पर कुछ और गहराई से चर्चा करते हैं। जब कोई व्यक्ति अपनी उद्यमशीलता (एंटरप्रेन्योरशिप) से धन का अंबार बनाता है

तो क्या वह उस काम को अकेले ही करता है या उसके उस काम से सिर्फ उसी को लाभ पहुँच रहा होता है? साफ है कि कोई भी अपने अकेले के दम पर ज्यादा कमाई नहीं कर सकता। उसके लिए उसे उद्यम करना पड़ता है, यानी कारोबार की योजना के सफल कार्यान्वयन के लिए संगठन की रचना करनी पड़ती है, जिसमें कारोबार के आकार के मुताबिक दूसरे तमाम लोगों की सेवाएँ हासिल करनी पड़ती हैं। यानी, एक उद्यमी अपनी सफलता को सुनिश्चित करने के लिए ही सही, सैकड़ों, हजारों, लाखों लोगों को उनकी प्रतिभाओं, क्षमताओं व कार्य-कुशलताओं के मुताबिक रोजगार देता है, यानी कमाई करने या धन पैदा करने के अवसर देता है। तो क्या यह उस उद्यमी की समाज-सेवा नहीं हुई?

लेकिन अधिकांश लोग इसे समाज-सेवा नहीं मानते हैं। क्यों? क्योंकि ऐसा माननेवालों की संख्या ज्यादा है कि अधिकांश उद्यमी सिर्फ अपने स्वार्थ की पूर्ति के लिए, यानी अपनी कमाई को बढ़ाने के लिए ही अपने कारोबार का विस्तार करते हैं और फिर उसकी सफलता को सुनिश्चित करने के लिए कार्य-कुशल लोगों को अपने जाल में फँसाकर उनका शोषण करते हैं। कुछ हद तक यह सच भी हो सकता है; लेकिन क्या आज के आधुनिक युग में ऐसा उदाहरण ढूँढ़ पाना काफी मुश्किल होगा कि कोई व्यक्ति या कारोबारी प्रतिष्ठान अपने लोगों के शोषण से बहुत ऊँचाइयों तक पहुँच पाने में सफल हुआ हो? छोटे उद्यमियों की भी बात करें तो भी कोई तब तक सफल नहीं हो सकता, जब तक कि वह अपने सेवादारों का भरोसा न हासिल कर ले। फिर खुद धनवान् बनने तथा दूसरों को धनवान् बनने का मौका देनेवाले उद्यमियों की निंदा क्यों?

क्या दिवालिया हुए उद्यमियों को सेवा देनेवाले लोग उनके लिए काम करने को तैयार होते हैं, भले ही वे वर्षों तक उन उद्यमों की बदौलत ही अपना जीवन-यापन करते हैं? क्यों? इसलिए कि दिवालिया होने के बाद उद्यमी के पास ऐसा उद्यम ही नहीं बचता कि वह दूसरों को अपनी सेवाएँ दे पाने का मौका दे सके। इस नजरिए से सोचकर देखिए तो आपको पता

चलेगा कि एक उद्यमी ज्यादा कमाई क्यों करता है? सीधा जवाब यह है कि उद्यमियों को ज्यादा कमाई इसलिए होती है कि वह जिन लोगों को रोजगार के मौके देता है, उन सबसे ज्यादा कुशल व्यक्ति है और उसकी कमाई उसकी कार्य-कुशलता का ही नतीजा है। तो फिर करोड़पतियों के धन से ईर्ष्या क्यों?

जरा अपने भीतर झाँककर देखिए, आपको अपनी असलियत का पता चल जाएगा कि आप कितने पानी में खड़े हैं। यदि आप सक्षम हैं तो किसी उद्यमी ने आपको पकड़ रखा है कि आप ज्यादा कमाई न करें। अपने आसपास नजर दौड़ाकर देखिए, आपको ऐसे कई उदाहरण मिल जाएँगे, जब पूर्व कर्मचारियों ने अपने नियोक्ताओं को काफी पीछे छोड़ दिया। क्यों? फिर वही जवाब मिलेगा कि उन कर्मचारियों ने अपने नियोक्ताओं के लिए काम करते हुए न केवल अपनी कार्य-कुशलताएँ बढ़ाईं, बल्कि अपनी उद्यमशीलता को भी आगे बढ़ाया; यानी एक कर्मचारी उद्यमी बन सकता है, एक सेवक मालिक बन सकता है। इसके उलट, उद्यमशीलता के रास्ते से भटकनेवाले ही तो दिवालिया होते हैं, तो उद्यमशीलता की बदौलत धन्ना सेठ बननेवाले लोग असल में समाज-सेवक हैं और उन्हें उनके योगदान के मुताबिक सम्मान मिलना चाहिए। जो लोग उनसे नाक-भौंह सिकोड़ते हैं, उन्हें खुद से सवाल पूछने की जरूरत है—क्या मैं उद्यमी बन सकता हूँ?

जी हाँ, उद्यमशीलता ही धनी बनने का रास्ता है और आप जिस दिन धनी बनने का फैसला लेंगे, उस रास्ते पर आगे बढ़ने की कोशिश करेंगे, तो सफल उद्यमियों के अनुभवों से ही मदद मिलेगी। इसलिए धनवानों से ईर्ष्या करनेवाले कभी भी धनी नहीं बन सकते, क्योंकि बिना सकारात्मक सोच के उद्यमशीलता संभव ही नहीं है। हमने आगे विश्व-इतिहास के सबसे धनी दस व्यक्तियों की झलकियाँ पेश की हैं, जिनमें से अधिकांश गरीब परिवारों से थे। तो क्या वे अकेले ही या उनका परिवार ही धनी बना?

अब हेनरी फोर्ड को ही लें। उन्होंने करोड़ों डॉलर कमाए, लेकिन उसके बदले में उन्होंने दुनिया को क्या दिया? अपने धैर्य, प्रतिभा व दृढ़

इच्छा-शक्ति की बदौलत उस मामूली मिस्त्री ने मानव-जाति को मोटर वाहन (कार) दिया। क्या आप कार के बिना जिंदगी की कल्पना कर सकते हैं? आज फोर्ड मोटर कंपनी में कुल कर्मचारियों की संख्या 1.81 लाख से ज्यादा है। जब फोर्ड ने शृंखलाबद्ध उत्पादन प्रणाली (असेंबली लाइन मैन्युफैक्चरिंग सिस्टम) को अपनाया था तो उनकी तीखी आलोचना हुई थी कि मनुष्य को महज एक पुरजा बना दिया गया है। लेकिन उस प्रयोग ने कार उद्योग को एक नई दिशा दी। भले ही फोर्ड को महा कंजूस की मजाकिया पदवी भी मिली, लेकिन उन्होंने धन के महत्त्व को अपने साधारण जीवन से झलकाने की कोशिश की थी। एक बार किसी ने उनसे पूछा था कि आपका सारा कारोबार अचानक डूब जाए, तो क्या करेंगे? उन्होंने बिना पलक झपकाए कहा था कि वे किसी दूसरी मौलिक मानवीय जरूरत के बारे में सोचेंगे, उसे दूसरों के मुकाबले ज्यादा सस्ते में बेहतर सेवा के साथ उपलब्ध कराएँगे और अगले पाँच साल में फिर से करोड़पति बन जाएँगे।

जी हाँ, मौलिक जरूरतों को खोजना और उसे बेहतर सेवा के साथ सस्ते में परोसने की कला ही उद्यमशीलता है और इसी तरह के रास्तों के जरिए ही तो अरबपतियों ने अपना सौभाग्य बनाया है। वॉल्ट डिज्नी ने करोड़ों बच्चों की जिंदगी में खुशियाँ बाँटीं और धन कमाया। थॉमस वाटसन ने अपनी प्रतिभा की बदौलत समाज के कामकाज के तरीके को सुविधाजनक व तीव्र बनाने के लिए आई.बी.एम. कंप्यूटर बनाया और दौलत कमाई। कॉनराड हिल्टन ने यात्रियों को बेहतर सुविधा व आराम परोसकर दुनिया भर में अपनी होटल शृंखला का विस्तार किया और खुद को अमीर बनाया। इन उदाहरणों की लंबी कड़ी बनाई जा सकती है। जरा गौर से सोचिए, दुनिया में जो भी तरक्की हो रही है, उसके पीछे कौन लोग हैं? जी हाँ, यह सबकुछ उद्यमशील लोगों की कठोर मेहनत व लगन का नतीजा है। अब जो लोग धनवानों से ईर्ष्या करते हैं, उनसे पूछिए, उन्होंने किसी और के लिए कुछ किया है?

सबसे धनी इतिहास-पुरुषों के सौभाग्य-पथ

अब हम आपको विश्व-इतिहास के सबसे धनी व्यक्तियों (रिचेस्ट पीपल ऑफ ऑल टाइम्स) के बारे में जानकारी देना चाहते हैं। यह मूल्यांकन क्रम द रिचेस्ट.कॉम (8 अप्रैल, 2014) के आकलन पर आधारित है। इन झलकियों में आपको महाधनी बनने के मूल सूत्र उद्यमशीलता के कुछ अनमोल उदाहरण मिलेंगे और आपको पता चलेगा कि धन किसी का भी सौभाग्य बन सकता है, बशर्ते वह सचमुच धनी बनना चाहता हो और उसके लिए कुछ भी कर गुजरने के लिए तैयार हो। इन धनी लोगों की तुलना गहरे सागर में मोती खोजनेवाले, जान की जोखिम उठानेवाले गोताखोरों से की जा सकती है। तभी तो कहा जाता है—*'जिन खोजा तिन पाइयाँ, गहरे पानी पैठ; जो बौरा डूबन डरा, रहा किनारे बैठा।'* यानी, जो गहरे पाने में उतरकर ढूँढ़ेगा, उसे मिलेगा और जो व्यक्ति डूबने से डरेगा, वह किनारे पर ही बैठा रह जाएगा। आइए, हम दुनिया के महानतम कर्मवीर उद्यमियों से कुछ सीखने की कोशिश करते हैं, जिन्होंने खुद को इतना बुलंद बना लिया कि दुर्भाग्य ने घुटने टेक दिए और वे अपना भाग्य खुद से लिखते हुए हमेशा के लिए इतिहास-पुरुषों की प्रथम सूची में शुमार हो गए।

10. जॉन जैकब एस्टर (121 अरब डॉलर)—जर्मनी मूल के अमेरिकी जॉन जैकब एस्टर (17 जुलाई, 1763 से 29 मार्च, 1848 तक) कारोबारी, व्यापारी व निवेशक थे। वे अमेरिका के सबसे पहले बहु करोड़पति थे। उन्होंने जर्मनी में पिता के सहायक के रूप में दुग्ध उत्पाद बिक्री कर्मी के रूप में अपना पेशेवर जीवन शुरू किया था; 16 साल की उम्र में लंदन जाकर अपने बड़े भाई के वाद्य-यंत्रों का उत्पादन करते हुए अंग्रेजी सीखा और फिर 21वें साल में अमेरिका पहुँच गया। पहले अपने साथ आए छोटे भाई के साथ न्यूयॉर्क में कसाई के काम की दुकान खोली, फिर खुद मूल अमेरिकियों के साथ रोआँ (फर) का व्यापार करने लगा। उस व्यापार में एकाधिकार जमाने के बाद अचल संपत्ति का विशाल साम्राज्य खड़ा किया। अप्रैल 2014 में एस्टर की मृत्यु के समय

की कुल संपत्ति का मुद्रा-स्फीति समायोजित बाजार मूल्य 121 अरब डॉलर आँका गया था।

9. कॉर्नेलियस वेंडरबिल्ट (185 अरब डॉलर)—डच मूल के अमेरिकी परिवार में पैदा हुए कॉर्नेलियस वेंडरबिल्ट (4 जनवरी, 1877 से 27 मई, 1794) ने 11 वर्ष की उम्र में पढ़ाई छोड़कर न्यूयॉर्क हार्बर में अपने पिता की नौका-सेवा में हाथ बँटाया और 16 वर्ष की उम्र में माँ से 100 डॉलर उधार लेकर छोटी नाव से अपना खुद का सेवा कारोबार चालू किया। फिर वाष्प-चालित जहाजों (स्टीमर) से अपना कारोबार विस्तार करते हुए बन गया नौ-परिवहन (शिपिंग) व रेलमार्ग उद्योग का बादशाह। अप्रैल 2014 में वेंडरबिल्ट की मृत्यु के समय की कुल संपत्ति का मुद्रा-स्फीति समायोजित बाजार मूल्य 185 अरब डॉलर आँका गया था।

8. हेनरी फोर्ड (188 अरब डॉलर) —आयरलैंड मूल के किसान परिवार में पैदा हुए हेनरी फोर्ड (7 अप्रैल, 1947 से 30 जुलाई, 1863) ने 16 वर्ष की उम्र (1879) में पिता की इच्छा के विरुद्ध प्रशिक्षु मशीन मिस्त्री (मशीनिस्ट) के रूप में अपना पेशेवर जीवन शुरू किया था। लगभग 12 वर्षों की कठोर मेहनत के बाद सन् 1891 में मशीन अभियंता बना। 1893 में मुख्य मशीन अभियंता की नौकरी छोड़कर अब तक जमा किए धन से अपने सपनों का गैस-आधारित इंजन बनाना शुरू किया और 1996 में एथनॉल-चालित इंजन के जरिए बना चार साइकिल पहिएवाला मोटर वाहन। फिर लगातार प्रयोग व कारोबारी संघर्ष के बाद सन् 1903 में फोर्ड मोटर कंपनी की स्थापना की, 1906 मॉडल-टी कार पेश किया और फिर शृंखलाबद्ध विनिर्माण प्रणाली (असेंबली लाइन मैन्युफैक्चरिंग सिस्टम) का विकास कर बड़े पैमाने पर कार का उत्पादन संभव करने का इतिहास रचा। अप्रैल 2014 में फोर्ड की मृत्यु के समय की कुल संपत्ति का मुद्रा-स्फीति समायोजित बाजार मूल्य 188 अरब डॉलर आँका गया था।

7. मुअम्मर गद्दाफी (200 अरब डॉलर)—पश्चिमी लीबिया के रेगिस्तानी ग्रामीण इलाके में बकरियाँ व भेड़ चराकर गुजरा करनेवाले

जनजातीय परिवार में पैदा हुए इकलौते जीवित बचे पुत्र मुअम्मर गद्दाफी (1942 से 23 अगस्त, 2011) ने घर से 20 मील दूर एक मसजिद में रहते हुए छठी कक्षा तक पढ़ाई की थी। उसे 'बेदौइन' कहकर परेशान किया जाता रहा था, लेकिन वह घबराकर भागने की बजाय बेदौइन छात्रों को संगठित कर हक की लड़ाई लड़ते हुए लीबिया विश्वविद्यालय (बांघजी) पहुँचा। सेना में प्रशिक्षण के लिए इतिहास की पढ़ाई बीच में ही छोड़ दी। सेना में लगातार अपना कद बढ़ाते हुए 12 सैनिक अधिकारियों के रिवोल्यूशनरी कमांड काउंसिल (आर.पी.सी.) के चेयरमैन के रूप में लीबिया की राजशाही को अघोषित रूप में अपने कब्जे में ले लिया। तेल उद्योग के राष्ट्रीयकरण तथा अन्य आर्थिक सुधारों को आगे बढ़ाते हुए सन् 1977 में ग्रेट सोशलिस्ट पीपुल्स लीबियन अरब जमहीरिया के ऐलान के बाद नागरिक प्राधिकारी के रूप में वर्ष 2011 तक लीबिया पर एकच्छत्र राज किया। इस दौरान उसकी निजी संपत्ति भी बढ़ती चली गई। अप्रैल 2014 में गद्दाफी की मृत्यु के समय की कुल संपत्ति का मुद्रा-स्फीति समायोजित बाजार मूल्य 200 अरब डॉलर आँका गया था।

6. विलियम प्रथम (230 अरब डॉलर)—विजेता विलियम के रूप में प्रसिद्ध हुए विलियम प्रथम (1028 से 9 सितंबर, 1087) की माँ नॉरमैंडी के ड्यूक रॉबर्ट प्रथम की रखैल थी, जो मृत पशुओं के चमड़े उतारकर गुजारा करनेवाले गरीब चर्मशोधक की बेटी थी। रॉबर्ट प्रथम को वैधानिक पत्नी से कोई पुत्र नहीं था, फिर भी नाजायज जन्म और 8 साल की कम उम्र के कारण विलियम प्रथम को ड्यूक पद पर काबिज होने के लिए लंबा संघर्ष करना पड़ा था। फिर उसने पड़ोसी राज्यों को जीतकर अपने साम्राज्य व संपत्तियों का विस्तार किया और अंततः इंग्लैंड का पहला नॉर्मन राजा बन गया। अप्रैल 2014 में विलियम प्रथम की मृत्यु के समय की कुल संपत्ति का मुद्रा-स्फीति समायोजित बाजार मूल्य 230 अरब डॉलर आँका गया था। वैसे यह संपत्ति उसके पुत्रों के बीच बँटकर बाद में बिखरती चली गई थी।

5. उस्मान अली खान, आसफ जाह सप्तम (240 अरब डॉलर)—हैदराबाद रियासत की पुरानी हवेली (अब तेलंगाना राज्य में) में पैदा हुए मीर उस्मान अली खान सिद्दीकी बहादुर, आसफ जाह सप्तम (6 अप्रैल, 1886-24 फरवरी, 1967) ने सन् 1911 में अपने पिता की मौत पर हैदराबाद के निजाम (शासक) स्वीकार किए गए थे। आजादी के पूर्व हैदराबाद भारत की सबसे बड़ी रियासत थी, जो 86,000 वर्ग मील (2,23,000 वर्ग कि.मी.) में फैली हुई थी—मोटे तौर पर मौजूदा यूनाइटेड किंगडम के आकार की। निजाम की विशाल विरासत भू-राजस्व की बजाय खनन स्वत्वाधिकार (माइनिंग रॉयल्टी) से इकट्ठा हुई थी। 19वीं सदी के ब्रिटिश भारत में वह विश्व बाजार का एकमात्र हीरा आपूर्तिकर्ता था।

सन् 1948 में हैदराबाद को जबरदस्ती भारत में शामिल कर लिये जाने के बाद से उस्मान अली खान वर्ष 1967 में मृत्यु तक नामधारी निजाम बने रहे थे। भारत सरकार के कब्जे से बची संपत्ति निजाम की 7 पत्नियों व 42 रखैलों से पैदा हुई 149 संतानों के बीच भारी कानूनी विवादों का कारण बनी।

4. एंड्रयू कार्नेगी (320 अरब डॉलर)—स्कॉटलैंड के हथकरघा बुनकर माता-पिता की मामूली झोंपड़ी में पैदा हुए एंड्रयू कार्नेगी (25 नवंबर, 1835 से 11 अगस्त, 1919) का परिवार भुखमरी फैल जाने के बाद बेहतर जीवन की आशा में एलेघेनी (पेंसिल्वेनिया, अमेरिका) में आ बसा था। सन् 1848 में 13 साल की उम्र में कार्नेगी ने पिट्सबर्ग के सूत कारखाना में अटेरन बदलनेवाले लड़के (बोब्बिन ब्वॉय) के रूप में अपना पेशेवर जीवन शुरू किया था। लगातार छह दिनों तक रोजाना 12 घंटे की मेहनतकश दिहाड़ी के बाद कार्नेगी की कुल साप्ताहिक कमाई 1.20 डॉलर थी। दो साल बाद वह टेलीग्राफ दूत का काम करने लगा और जी-तोड़ मेहनत की बदौलत अपनी साप्ताहिक कमाई दोगुनी से भी ज्यादा 2.50 डॉलर कर ली। तीन साल बाद 1853 में 18 साल की उम्र में कार्नेगी पेनसिल्वेनिया रेलरोड कंपनी में टेलीग्राफ प्रचालक (ऑपरेटर) बन गया, जब उसकी साप्ताहिक आमदनी 4 डॉलर हो गई थी।

तेजी से पदोन्नति हासिल करता हुआ वह कंपनी के पिट्सबर्ग प्रभाग का अधीक्षक बन गया, जब उसने तमाम कारोबारी गुण सीखे। सन् 1964 में कार्नेगी ने भू-संपत्ति में 40 हजार डॉलर का निवेश किया था। साल भर बाद ही उससे 1 लाख डॉलर का लाभांश मिला। उसी पूँजी से उसने स्टील रोलिंग मिल (इस्पात को दबानेवाला कारखाना) स्थापित किया और उनका कारोबारी साम्राज्य लगातार फैलता चला गया था। जीवन के अंतिम वर्षों में कार्नेगी ने अपनी संपत्ति का करीब 90 फीसदी 35 करोड़ (2015 के 4.76 अरब डॉलर के बराबर) परोपकारी कार्यक्रमों—स्थानीय पुस्तकालयों, विश्व-शांति, शिक्षा व वैज्ञानिक अनुसंधान आदि में दान कर दिया था। फिर भी, अप्रैल 2014 में कार्नेगी की मृत्यु के समय वर्ष 1919 की कुल बची हुई संपत्ति का मुद्रा-स्फीति समायोजित बाजार मूल्य 320 अरब डॉलर आँका गया था।

3. रोथ्सचाइल्ड परिवार (350 अरब डॉलर)—पवित्र रोमन साम्राज्य में मुख्य फ्रैंकफर्ट स्थित यहूदी बस्ती में माल-व्यापार व मुद्रा विनिमय कारोबार करनेवाले परिवार में मेयर एम्सचेल रोथ्सचाइल्ड (23 फरवरी, 1744-19 सितंबर, 1812) का जन्म हुआ था। उन्होंने फ्रैंकफर्ट में अपने बड़े भाई के साथ पारिवारिक कारोबार में शामिल होने से पहले हनोवर के जर्मन यहूदी बैंक संचालक से साइमन वुल्फ ओपेनहाइमर से विदेश व्यापार व मुद्रा विनिमय का प्रशिक्षण प्राप्त किया था। वह दुर्लभ सिक्कों के व्यापारी बन गए और हेस्से के क्राउन प्रिंस विल्हेम का संरक्षण हासिल करने के बाद अन्य रजवाड़ों में तेजी से कारोबार विस्तार किया। 19वीं सदी के शुरू में रोथ्सचाइल्ड ने विल्हेम के प्रमुख अंतरराष्ट्रीय बैंकर के रूप में अपनी स्थिति मजबूत कर अंतरराष्ट्रीय ऋण जारी करने शुरू कर दिए थे। इससे बहुत पहले ही उसने अपने तीसरे बेटे को कपड़े के व्यापार के लिए भेज दिया था, जिसने देशीयकृत नागरिक के रूप में सन् 1804 में सिटी ऑफ लंदन बैंक की स्थापना की थी।

सन् 1806 में हेस्से पर नेपोलियन के आक्रमण के बाद विल्हेम

को रोमन साम्राज्य के सबसे उत्तरी राज्य हॉल्सटीन की ड्यूक रियासत में निर्वासित किए जाने के बाद भी रोथ्सचाइल्ड उसका बैंकर बना रहा था। फिर वर्ष 2010 में अपने बेटों के साथ साझेदारी समझौते के तहत रोथ्सचाइल्ड ने बैंकिंग राजवंश की स्थापना की और 1811 में एक बेटे को पेरिस में स्थापित कर समूचे यूरोप में अपने बैंकिंग कारोबार का विस्तार कर लिया था और 19वीं सदी में रोथ्सचाइल्ड परिवार विश्व का सबसे बड़ा निजी सौभाग्य हासिल करनेवाला परिवार बन गया। हालाँकि अब वह रुतबा नहीं है, फिर भी अप्रैल 2014 में रोथ्सचाइल्ड परिवार की संपत्ति का मुद्रा-स्फीति समायोजित बाजार मूल्य 350 अरब डॉलर आँका गया था।

2. जॉन डी. रॉकफेलर (400 अरब डॉलर)—रिचफोर्ड (न्यूयॉर्क) में मामूली घुमंतू विक्रेता की छह में से दूसरी संतान तथा सबसे बड़े बेटे के रूप में पैदा हुए जॉन डेविसन रॉकफेलर, सीनियर (8 जुलाई, 1839-23 मई, 1937) ने सन् 1855 में 16 साल की उम्र में सहायक मुनीम (बुककीपर) के रूप में अपना पेशेवर जीवन शुरू किया था। फिर सन् 1859 में एक साझीदार के साथ कृषि उपज आढ़त (कमीशन एजेंट) का कारोबार स्थापित किया और फिर तेजी से बढ़ता हुआ अनाजों का थोक कारोबारी बन गया। सन् 1963 में पहला तेलशोधक कारखाना (ऑयल रिफाइनरी) खोला, फिर सन् 1970 में स्टैंडर्ड ऑयल की स्थापना की और धीरे-धीरे क्षैतिज एकीकरण (होरिजेंटल इंटीग्रेशन) के जरिए अमेरिका में तेल शोधन व विपणन पर लगभग पूर्ण एकाधिकार जमा लिया। वह 1 अरब डॉलर का शुद्ध मूल्य हासिल करनेवाला अमेरिका का पहला व्यक्ति था। अप्रैल 2014 में रॉकफेलर की मृत्यु के समय 1937 की कुल बची हुई संपत्ति का मुद्रा-स्फीति समायोजित बाजार मूल्य 400 अरब डॉलर आँका गया था।

1. मनसा मुसा प्रथम (410 अरब डॉलर)—माली साम्राज्य के कीटा राजवंश के 10वें मनसा (सम्राट्) मुसा प्रथम (1280 से 1337) ने अपने 25 वर्षों के शासनकाल (वर्ष 1312-37) के दौरान सोना व नमक के खनन, जो दुनिया की कुल आपूर्ति का आधा था, से अकूत धन अर्जित

किया था। हालाँकि ज्यादा पुख्ता आँकड़े उपलब्ध नहीं हैं और यह बहस का भी मुद्दा बन सकता है, फिर भी रिचेस्ट.कॉम ने अप्रैल 2014 में मूसा प्रथम की मृत्यु के समय वर्ष 1337 तक कुल बची हुई संपत्ति का मुद्रा-स्फीति समायोजित बाजार मूल्य 410 अरब डॉलर आँका था।

पहले से ही धनी होने का स्व-चित्रण

मन शांत रखिए और खुद को कहिए कि मैं तो पहले से ही धनी हूँ। फिर से इस वाक्य को दोहराइए। आपको कुछ अलग सा महसूस हो रहा है? यदि हाँ, तो आप सचमुच धनी बनने के बारे में गंभीरता से योजना बना रहे हैं। यदि नहीं तो अभी आपको पिछले अध्यायों को एक फिर से ध्यानपूर्वक पढ़ने की जरूरत है। अब तक हम विचार-विमर्श के उस पड़ाव पर आ चुके हैं कि हमारे सामने धनी बन सकने का पूरा मानचित्र व कार्ययोजना बन जानी चाहिए थी। तैयारी के इस स्तर पर आने के बाद सिर्फ शब्दों से काम नहीं चलेगा कि मैं धनी बनना चाहता हूँ। अब तक आपके सामने खुद के धनी होने की तसवीर उभर आनी चाहिए थी। जाहिर है कि अब भी आपके मानस में रुकावटों के कुछ अंश मौजूद हैं। आप धनी बनने के जोखिम से डर रहे हैं। अब इस डर को एक झटके से मन से दूर फेंकना पड़ेगा और मानना पड़ेगा कि मैं सचमुच में धनी हूँ।

इसे कहते हैं स्व-चित्रण (सेल्फ इमेजिंग) की कला। जब तक आपके अवचेतन मन का कार्यक्रम दोष-रहित नहीं हो जाता, तब तक आपको अपने होने की तसवीर नहीं दिखाई पड़ेगी। इसका मतलब यह है कि आपने अभी तक स्व-सुझाव की प्रक्रिया को शुरू नहीं किया है। धनी बनना खुद की पुरानी डरपोक सोच को जला देने यानी स्वयं अपना श्राद्ध कर लेने जैसा काम है। जी हाँ, फिर से दोहराइए—बिना मरे स्वर्ग नहीं दीखता! जला डालें मन की रुकावटों को, क्योंकि उनका कोई वजूद नहीं है। वह सिर्फ आपका डर छाया भर है। जलाइए मन का दीया, आपको अपने सारे दोष नजर आएँगे और फिर लगा दीजिए साहस व आत्मविश्वास की झाड़ू। ऐसा करना ही होगा, वरना मन-मंदिर साफ कैसे होगा? उद्यमशीलता की पूजा

कैसे शुरू हो सकेगी, लक्ष्मी आह्वान कैसे संभव होगा? पवित्र मन-मंदिर में ही शुभ का, श्री का पदार्पण होता है।

खैर, अब फिर से कहिए—मैं तो पहले से ही धनी हूँ। अब आपको नजर आएगा कि आप सचमुच में धनी हैं या हो सकते हैं। अब आपको इसकी रुकावटें भी नजर आएँगी। क्या आपको दिखाई दे रहा है कि आपने इस दिशा में कोई ठोस पहल नहीं की है? यदि हाँ, तो वह क्या है, जो आप स्वाभाविक रूप से कर सकते थे? हकीकत यह है कि अभी तक आपने अपना स्व-चित्रण ही नहीं किया था तो अपनी कमियाँ कैसे नजर आतीं? अब दिखाई दे रही हैं तो उसकी सूची बनाइए और हर दिन उन्हें दूर करने की कोशिश कीजिए। इसका कोई निश्चित सूत्र नहीं है कि आप उसे याद कर लें और आपके विचारों के बदलाव आने शुरू हो जाएँ। इसके लिए आपको—सिर्फ व सिर्फ आपको—ही कोशिश करनी पड़ेगी। यह पुस्तक या फिर अन्य कोई भी पुस्तक, सिर्फ सकारात्मक सोचने की दिशा में आपकी मदद कर सकती है। आप अपनी आशंकाओं को दूर करें—यह काम तो आखिरकार आपको खुद ही शुरू करना पड़ेगा और इस काम में स्व-चित्रण जादू का काम करेगा।

जब तक आपको यह नहीं दिखाई दे रहा है कि आप क्या हो सकते हैं, तब तक आप उस दिशा में कैसे कोशिश कर पाएँगे। धनी बनने का हरेक का रास्ता अपना-अपना है। आपको अपना रास्ता खुद खोजना पड़ेगा। नहीं दिख रहा है रास्ता तो भी घबराने की कोई जरूरत नहीं है। यह मन का खेल जरा पेचीदा है। शांत बैठिए···बस यों ही, बिल्कुल अकेले और फिर सोचिए, मैं पहले से ही धनी हूँ। जी हाँ, हमारा अवचेतन मन बहुत ही समृद्ध है। उसके पास बहुत से सूत्र यों ही पड़े हैं, जिनका अब तक इस्तेमाल ही नहीं हो सका था। आप सबसे पहले खुद को अपने अतीत जन्म, माता-पिता, भाई-बहन, परिवार, विद्यालय-गुरुजन, समाज—सभी से अलग कर खुद को परखिए। हाँ, ऐसा तभी हो सकेगा, जब आप भविष्य के बारे में सोचना बंद करेंगे। अपने मन के कंप्यूटर को कोई आदेश नहीं

दीजिए। खुद के गवाह बन जाइए। देखिए, वह क्या-क्या चित्र पेश कर रहा है आपके सामने। आपको दिखाई देगा कि असल में आपका न तो कोई अतीत था और न ही भविष्यत। आप सिर्फ मौजूद हैं, अभी तत्काल। कुछ सालों बाद क्या होगा, आपको पता नहीं है। कुछ क्षण पहले जो हुआ, वह भी आपको मालूम नहीं था। जी हाँ, हम सिर्फ वर्तमान हैं यहाँ, अभी, फिर आपका डर खत्म हो जाएगा। और ज्यों ही आपका डर दूर होगा, तभी आपको दिखने लगेगा कि आप क्या-क्या हो सकते हैं। ज्यादा दूर की सोचेंगे तो फिर से उलझ जाएँगे। बस, अगले कदम के बारे में सोचिए।

आपको पता है कि आप क्या-क्या कर सकते हैं, बस वही सब करिए—बिना रुके, बिना थके, दृढ़ निश्चय के साथ। आप ज्यों ही पहला सधा कदम बढ़ा देंगे, आपको दूसरी सीढ़ी का दूसरा पायदान नजर आने लगेगा और आगे बढ़ते जाइए, तब तक न रुकिए, जब तक लक्ष्य प्राप्त न हो जाए। ध्यान रहे कि आपको पता भी नहीं चलेगा कि आप कब लक्ष्य को पार कर गए और दूसरा लक्ष्य आपके सामने आ गया। इसी को कहते हैं यात्रा—अपने स्व को ढूँढ़ने की, भौतिक धन की प्राप्ति तो इस यात्रा की बहुत छोटी सी बात है। बड़ा लक्ष्य तो अपने स्व के पास जाना है और वह कहीं और नहीं, आपके अंदर ही है। जरा स्व-चित्रण तो कीजिए, आपको सबकुछ दिखने लगेगा। आप देख पाएँगे कि आप पहले से ही धनी थे और जब यह दिखेगा तो आपकी कोशिशें दुनिया के सामने भी उसे भौतिक रूप में प्रकट कर देंगी। ऐसा ही तो हुआ था दुनिया के सबसे बड़े ऐतिहासिक धनवानों के साथ। तो फिर हमारे साथ क्यों नहीं होगा?

मन में बोएँ धन के अच्छे विचार

हम जानते हैं कि जो बोएँगे, वही काटेंगे। धनवान् बनने की तैयारी है तो अपने मन में धन के बीज बोना शुरू करिए। जिस तरह भौतिक दुनिया में कारण व प्रभाव का नियम लागू होता है, जिस तरह हर क्रिया (एक्शन) प्रतिक्रिया (रिएक्शन) का कारण बनती है, उसी तरह सामान्य जीवन में मन के विचार कारण बनते हैं तथ्यों व घटनाओं के। यानी आपके मन में

जैसे विचारों का प्रवेश होता है, वे ही आपके जीवन में मूर्त रूप धारण करने लग जाते हैं। जैसा सोच, वैसी घटनाएँ।

साफ है कि हमें अपने मन के विचारों को एकदम नजदीक से देखना-परखना होगा, उस पर पहरा लगाना होगा कि वह सिर्फ सकारात्मक ही सोचे और यदि हम चाहेंगे तो कर सकेंगे। यदि आप लगातार अपनी वित्तीय चिंताओं को अपने मन में जगह दे रहे हैं और यह दोहराना नहीं बंद कर पा रहे हैं कि मैं दिवालिया हो सकता हूँ, तो इसका मतलब है कि आपने सचमुच में दिवालिया साबित हो जाने से पहले ही खुद को दिवालिया घोषित कर लिया है; और फिर यह भी तय है कि ऐसा ही होगा। आप सचमुच दिवालिया हो जाएँगे। आप पहले देख चुके हैं और दुनिया बाद में देखेगी।

यहाँ पर हम बिल्कुल साफ कर देना चाहते हैं कि हम किसी भी रूप में लापरवाही या दुःसाहस को बढ़ावा देना नहीं चाहते। असल में, दूरदृष्टि व आत्मविश्वास के बीच, आशावाद व दिखावे के बीच महीन रेखा होती है। हम आप से शुतुरमुर्ग की तरह संकट की घड़ी में अपना सिर रेत में घुसा लेने या फिर बिल्ली को देखकर कबूतर की तरह आँखें बंद कर लेने की नीति अपनाने की वकालत नहीं कर रहे हैं। हर कारोबार या उद्यम में कठिनाइयाँ व समस्याएँ मौजूद हैं। जैसा कि हमने इसी अध्याय में या फिर दूसरे अध्याय में बहुत से अरबपतियों के बारे में पढ़ा है या फिर जो हजारों-लाखों धनी लोग हैं, उन सभी ने एक बात सुनिश्चित की है कि मुसीबतें कभी भी उन्हें हरा न सकें।

जी हाँ, सफलता की राह बहुत कँटीली है और उसे पार करके ही सभी सफल हुए हैं; और एक बार सफल हो गए हैं तो उनका रास्ता बिल्कुल साफ नहीं हो गया है। उनकी राहों में पहले से ज्यादा काँटे बिछे होते हैं और उन्हें फिर से आगे बढ़ने के लिए नई मुसीबतों को हराना पड़ता है, अपनी राह के काँटों को साफ करना पड़ता है। वे इन राहों पर आगे बढ़ते हुए लहूलुहान भी होते हैं; लेकिन हार कर नहीं बैठते, बल्कि अपने घाव भरते हैं, नए जूते हासिल करते हैं, रास्ते साफ करने के अन्य इंतजाम करते

हैं और फिर उस राह पर आगे बढ़ते हैं। जो लोग फिर से डर जाते हैं, उनकी सफलता वहीं रुक जाती हैं। हाँ, वे दूसरों को अपनी कोशिशों में हारते जरूर नजर आते हैं; लेकिन उनके लिए हर कोशिश एक अनुभव होती है और वे पहले से ज्यादा तैयारी के साथ अगली कोशिश करते हैं और इस प्रक्रिया को तब तक नए सिरे से बार-बार दोहराते हैं कि अंततः सारे काँटे साफ हो जाते हैं और वे विजय-पथ पर शान से आगे बढ़ जाते हैं। जी हाँ, योद्धाओं का हर युद्ध एक अनुभव है और उन्हें अपनी अगली लड़ाई पहले से आसान नजर आती है और वे विजयश्री के ज्यादा करीब पहुँचते जाते हैं। उनके लिए यह खेल है। हारना भी जीतने के लिए जरूरी है, उसी सिक्के का दूसरा पहलू है। हारे बिना जीत का रास्ता पता नहीं चलता; लेकिन जीत तभी संभव है, जब पुरानी गलतियों को सुधारते हुए लगातार नई कोशिश की जाए।

यानी ज्यों-ज्यों एक उद्यमी सफलता के रास्ते पर आगे बढ़ता है, हर अनुभव उसकी कारोबारी दूरदृष्टि को ज्यादा स्पष्ट करता जाता है और फिर वह कारोबार विशेष की सभावनाओं के आर-पार देख सकने के काबिल हो जाता है। उसकी यही दूरदृष्टि व संभावनाओं को साधने की पूर्व तैयारियाँ कारोबारी युद्ध में उसकी विजयश्री सुनिश्चित करती हैं। वह न केवल प्रतिस्पर्धियों की क्षमताओं को जानता-समझता है, बल्कि उनकी कमजोरियों को गहराई से परखता है और उसका फायदा उठाते हुए अकसर बिना मुकाबला किए ही जीत हासिल कर लेता है। अब सवाल है कि सफल उद्यमी कभी थकते क्यों नहीं?

जी हाँ, किसी भी उद्यमी की सफलता यों ही सुनिश्चित नहीं हो जाती। इसके लिए उसे अपने सपने के साथ जीना-मरना पड़ता है। आपने ठीक सुना—जीना व मरना दोनों। सपने लगातार जगाए रखना और उसे हासिल करने के लिए मरने की हद तक गुजर जाने की कोशिश को ही सपने के साथ जीना-मरना कहते हैं। यहाँ मैं कबीर की पंक्ति दोहराऊँगा—'कबिरा खड़ा बजार में, लिये लुकाठी हाथ; जो घर जारे आपना, चले हमारे साथ।'

यहाँ पर महान् दार्शनिक कवि ने आध्यात्मिक जीवन-लक्ष्य ईश्वर की प्राप्ति को हासिल करने के लिए अपनी अज्ञानता (घर) को जला डालने की बात कही है। मैं इस अध्यात्म दर्शन की गहराई में नहीं जाना चाहता हूँ, लेकिन इसके जरिए यह साफ करना चाहता हूँ कि जीवन के तमाम लक्ष्यों को हासिल करने के लिए युद्ध की तैयारी करनी पड़ती है, यानी पहले अपनी कमियों को जीतना पड़ता है और फिर विजयश्री मिलना सुनिश्चित हो जाता है। ऐसी स्थिति में जब दूसरे आपको युद्ध के मैदान में लड़ते हुए देखें तो आपको अपनी जीत पहले ही दिख जाएगी। युद्ध करना तो सिर्फ आपका कर्म भर है, फल तो आपने पहले ही देख लिया है, सुनिश्चित कर लिया है।

जी हाँ, यह कोई ऐसा जादू या रहस्य नहीं, जिसे हम, आप या कोई और सीख-जान नहीं सकता। यह तो बस, सफल व्यक्तियों की कल्पना-शक्ति है कि वे अपने लक्ष्य के आर-पार देख लेते हैं, यानी लक्ष्य को प्राप्त करने के रास्ते की कठिनाइयों का सटीक अनुमान लगा पाते हैं। इसीलिए उनके सपने या लक्ष्य आसानी से महज जादू जैसे काम करते नजर आते हैं। लेकिन यह जादुई कल्पना-शक्ति यों ही नहीं आ जाती। इसे हासिल करने के लिए लगन के साथ लगातार मेहनत करनी पड़ती है, लगातार नई तरकीबें सीखनी पड़ती हैं। जो भी ऐसा करेगा, उसकी कल्पना-शक्ति जाग्रत् हो जाएगी और वह अपनी सफलता के आर-पार देख सकने के काबिल हो जाएगा।

मन की कल्पना-शक्ति क्या देती है? विचार। जी हाँ, विचार (आइडिया), जो व्यक्ति विशेष को भीड़ से अलग करती है। यह विचार किसी दूसरे को तब तक दिखाई नहीं दे सकता, जब तक विचार को धारण करनेवाला व्यक्ति उसे भौतिक रूप में दुनिया के सामने न रख दे। उससे पहले सिर्फ उसी को यह नजर आता है, और चूँकि वह अपने अनुभवों के आधार पर अपने विचार की गुणवत्ता एवं उसकी प्रतिस्पर्धा करने की शक्ति को भी पहचान सकता है, इसलिए भौतिक रूप में फलित होने से पहले ही वह विचार के सफल होने का सटीक आकलन कर पाने में सक्षम होता

है। तभी तो यह मान्यता है—विचार दुनिया पर शासन करते हैं। तभी तो हम कह रहे हैं कि आप भी अपने मस्तिष्क को लगातार अच्छे विचारों से बहुतायत, समृद्धि व सफलता के विचारों से भरते रहिए। हर उच्च विचार आपके अंदर के ऊर्जा स्रोत को जगाने-हिलाने का काम करेगा और फिर आपके व्यक्तित्व में आकर्षण का रहस्यमय सिद्धांत काम करना शुरू कर देगा। आपके आसपास उन विचारों से मिलती-जुलती चीजें आकर्षित होने लगेंगी, जो मिलती-जुलती घटनाओं को अंजाम देने का कारण बनेंगी और फिर वैसे नतीजे भी सामने आने लगेंगे।

यानी जब आप स्व-चित्रण करेंगे और उसके सहायक उच्च विचारों से अपने मन को भरेंगे तो आप में मन-माफिक नतीजों को आकर्षित करने की शक्ति जागने लगेगी। फिर उन विचारों को आप जितनी हवा देंगे, नतीजे उतने ही सटीक होने लगेंगे। सावधान, यदि विचार नकारात्मक हुए तो नतीजे भी वैसे ही होंगे। लिहाजा, मन को लक्ष्य के मुताबिक जरूरी सकारात्मक विचारों से ही भरें, जो धीरे-धीरे आपके अंदर के नकारात्मक विचारों को स्थानांतरित करते चले जाएँगे और यह प्रक्रिया ज्यों-ज्यों आगे बढ़ेगी, सकारात्मक नतीजों का मानसिक माहौल घना होता जाएगा।

दृढ़ संकल्प से पीछा करें सपनों का

आपने हवा में उड़ने की बजाय धरती पर पाँव रख चलने की सलाह देनेवाले सीधे-सरल (डाउन टू अर्थ), दुनियादारी की हकीकत को अपनानेवाले व्यावहारिक तथा अपनी परिस्थितियों के सामने घुटने टेक देनेवाले आत्म-संतोषी लोगों को यह उपदेश देते हुए भी सुना होगा—'जाहि विधि राखे राम, ताहि विधि रहिए।' यह बहुत ही गंभीर दार्शनिक सूत्र है, जिसका असल मतलब है—श्रीकृष्ण द्वारा अर्जुन को दी गई निष्काम कर्मयोग, बिना फल की चिंता के कर्म करने की साधना की शिक्षा। लेकिन तथाकथित सीधे-सादे, व्यावहारिक व आत्म-संतोषी लोगों ने इसका अलग ही अर्थ निकाल लिया है—भगवान् जैसे रखते हैं, वैसे ही रहिए, यानी आप अपने भाग्य के विरुद्ध कुछ नहीं कर सकते, लिहाजा अपनी परिस्थितियों

से समझौता कर लीजिए और अपनी असफलताओं को चुनौती देने की खामख्वाह की हिम्मत न जुटाइए। ऐसे कर्महीन सलाहकारों से दूर रहने और उनकी निकम्मा कर सकनेवाली सलाहों से खुद को बचाए रखने की जरूरत है। ये उच्च विचारों में से भी कुछ न करने की जरूरत के तर्क या अर्थ निकाल लेते हैं।

अर्जुन भी तो ऐसे तर्क दे रहा रहा था श्रीकृष्ण को और युद्ध न करने को ही बेहतर बता रहा था। तभी तो श्रीकृष्ण को अपना विराट् स्वरूप धारण करना पड़ा और फिर अर्जुन को यह दिव्य ज्ञान प्राप्त हो सका था कि जिसको वह मारने जा रहा था, वे पहले से ही मर चुके थे। तो आपको विराट् स्वरूप के दर्शन की जरूरत है। क्या है आपका वह विराट् स्वरूप? वही आपका स्व, गौर से देखिए आपको अपनी विराट् संभावना, आपके असल सपने नजर आने लगेंगे। लेकिन जिस तरह ज्ञान प्राप्त करने के बाद अर्जुन को अपने संकल्प पर अमल करना पड़ा था, अपनी प्रतिज्ञा को फलित करके दिखाना पड़ा था, उसी तरह आपको भी कर्म करना पड़ेगा—निष्काम भाव से, बिना फल की चिंता किए लगातार कर्म। इसी को तो कहते हैं अपने सपनों (स्व) के पीछे दौड़ना। आप इसी को हासिल करने के लिए तो पैदा हुए हैं इस धरती पर। आपका यही तो असल उद्देश्य था और आप उसी उद्देश्य के पीछे भागने से डर रहे हैं, कर्म करने की हिम्मत नहीं जुटा पा रहे हैं। आप इस स्व-पथ यानी अपने मन के रास्ते पर चलकर देखिए। आपका कर्म पूजा बन जाएगा, आप उसे करने में आनंद महसूस कर सकेंगे और फिर फल आपका असल लक्ष्य नहीं रह जाएगा। उसका आना तो पहले से ही तय है।

जाहिर है कि दिवास्वप्न (दिन में सपने देखना) से काम नहीं चलेगा। व्यावहारिक होने, आत्म-संतोषी बनकर भाग्य के भरोसे हाथ-पर-हाथ रखकर निठल्ला बैठने से कभी भी आपके सपने पूरे नहीं हो सकते। अपने सपनों को हकीकत में बदलने के लिए अपने अंदर मरने की हद तक का जुनून पैदा करना होगा और हर क्षण उसके पीछे भागना पड़ेगा। आधी-

अधूरी कोशिश फलित नहीं होगी, बल्कि आपको निराश कर देनेवाले झूठे सबूतों में बदल जाएगी और आपको काम न करने का बहाना मिल जाएगा, तर्क मिल जाएगा। फिर आप कहेंगे कि मैंने तो बहुत कोशिशें की थीं, कुछ मिला नहीं। मन के अंदर झाँककर देखिए, क्या सचमुच आपने पूरे संकल्प के साथ कोशिश की थी ? आपको एहसास होगा कि आपने ऐसा नहीं किया था। लिहाजा, अपने सपने को पूरे करने के लिए, अपने लक्ष्य को हासिल करने के लिए दृढ़ संकल्प लेना होगा और घोषणा करनी होगी—जब तक समृद्ध नहीं हो जाऊँगा, दम नहीं लूँगा।

दुर्भाग्य से, हमारी शिक्षा-प्रणाली भी हमें जरूरत से ज्यादा व्यावहारिक बनाने की ही कोशिश करती है और हमारी तर्क शक्ति को ही जाग्रत् करती है। यह तथाकथित व्यावहारिक शिक्षा हमारे अवचेतन मन की अपार ताकत को समझ पाने में हमारी मदद नहीं करती, बल्कि हमारे एवं हमारे मन के मूल भाव के बीच तर्क का परदा डालने का काम करती है। जी हाँ, हमारी मौजूदा शिक्षा हमारी तर्क करने की जानकारियों को तो जरूर बढ़ाती है और हमारे अवचेतन मन की ताकत—आत्मिक ताकत या आध्यात्मिक ताकत—को तर्क से सुला देने का काम करती है। इसी के चलते हम अपने अंदर की आवाज सहज ज्ञान (इंट्यूशन) व कल्पना-शक्ति द्वारा सुझाए गए हल को सुनने-समझने की कोशिश नहीं करते या फिर उसे मन का अव्यावहारिक खयाल मानकर टाल देते हैं। मस्तिष्क का दायाँ हिस्सा सहज ज्ञान व कल्पना कर सकने की अपनी ताकत से आपकी असल भावना यानी आपके असल सपने को आपके सामने रखता है और जब तक आप अपने असल सपने को देखने-समझने की कोशिश नहीं करते, जिसे आत्म-प्रक्षेपण (सेल्फ प्रोजेक्शन) कहते हैं, तब तक उसके पूरे होने का तो सवाल ही नहीं पैदा होता।

यानी जैसा हम स्व चित्रण करेंगे, जैसे विचारों से मन को भरेंगे, वैसा ही स्व-प्रक्षेपण भी कर सकेंगे; और फिर जब उसे पूरा करने के लिए कर्म करेंगे तो सफलता सुनिश्चित हो जाएगी। चाहे वह व्यवसायी हो या फिर

उद्यमी या कलाकार, चित्रकार या वैज्ञानिक—सभी एकांत में शांत-भाव से बैठकर आत्म-प्रक्षेपण करते हैं। इसी को अध्यात्म-दर्शन की भाषा में 'ध्यान लगाना' कहते हैं। थोड़े अभ्यास से यह कहना संभव है और फिर आप भी अपना आत्म-प्रक्षेपण सीख सकते हैं। सीधी बात यह है कि आप अपने मन की आवाज को समझिए। यही सहज ज्ञान है आसानी से प्राप्त हो सकनेवाला स्वाभाविक ज्ञान है, जिसे गंभीर दार्शनिक शब्द में अंतर्ज्ञान, अंतर्दृष्टि, आत्मज्ञान या दिव्य ज्ञान भी कहते हैं। तो सहज मन से, जैसा कि आप स्वाभाविक रूप से सोचते-समझते हैं, आप जो भी सपने देखेंगे, उनकी योजना बनाएँगे और फिर दृढ़ निश्चय यानी पूरे जुनून से अपनी कमियों को पूरा करेंगे, गलतियों को सुधारेंगे तो लक्ष्य का रास्ता साफ हो जाएगा और विजयश्री सुनिश्चित हो जाएगी।

सार-संक्षेप

- **धन व सफलताओं के बारे में अपनी मानसिक रुकावटों की पहचान करें**—धन के साथ अपने संबंधों व संभावनाओं को खोजें। चाहे वे सकारात्मक हों या नकारात्मक, उनकी सूची बनाएँ, फिर जाँचें-परखें कि आप किन पूर्व धारणाओं के कारण ऐसा सोचते हैं। फिर नकारात्मक धारणाओं के पीछे की सोच को बदलने की कोशिश करें।
- **अपने विचारों की नजदीक से निगरानी करें**—अपनी अच्छाइयों पर ध्यान केंद्रित करें। अपने जीवन में बहुतायत, समृद्धि व सफलता का आह्वान करें और इसके लिए हर दिन थोड़ा वक्त निकालें। इस आत्मचिंतन से घबराएँ नहीं। पहले ज्यादातर कमजोरियाँ बाहर आएँगी, उन पर गौर करें और उन्हें दूर करने के स्वाभाविक तरीके ढूँढ़ें।
- **स्व-चित्रण करें कि आप पहले से ही धनी हैं**—इसके लिए अपने मन के नकारात्मक विचारों को सकारात्मक विचारों से

स्थानांतरित करें। मन में ज्यों-ज्यों अच्छे विचारों की संख्या बढ़ती जाएगी, आपको अपनी संभावनाओं की तसवीरें उतनी ही साफ नजर आती चली जाएँगी, आपको अपनी असल ताकत का एहसास होगा।

➤ **जुनून के साथ अपने सपने का पीछा करें**—सिर्फ सपने देखना ही काफी नहीं, उसके पीछे जी-जान से भागना भी जरूरी है। शुरू में यह दौड़ कठिन लगेगी, रास्ता लंबा दिखेगा; लेकिन ज्यों-ज्यों उस राह पर आगे बढ़ते जाएँगे, मंजिल पास आती नजर आएगी। आप मंजिलें पार करते जाएँगे, यात्रा ही आपका जीवन बन जाएगी और सफलता आपका जन्मसिद्ध अधिकार।

□

5

कैसे सीखें सटीक फैसलों के गुर?

जब मैं अभिनय जीवन-यात्राओं पर नजर डालती हूँ, वास्तव में जिसकी मैं प्रशंसा करती हूँ, मैं देखती हूँ कि यह इन लोगों के लिए सटीक निर्णय लेने की प्रक्रिया रही है। वे जिसे प्यार करते हैं, उसी के आधार पर फैसले करते हैं और वे सिर्फ वही चीजें करते हैं, जिनके बारे में भावुक होते हैं। वे केवल उन्हीं चरित्रों का अभिनय करते हैं, जिनके बारे में सोचना बंद नहीं कर सकते हैं।

—टेलर एलिसन स्विफ्ट

अमेरिकी गायिका व गीतकार

निर्णय लेने की अक्षमता अधिकारियों के असफल होने के प्रमुख कारणों में से एक है। नेतृत्व की विफलता के संकेतक के रूप में निर्णय लेने की कमी, विशिष्ट ज्ञान या तकनीकी जानकारियों की कमी की तुलना में ज्यादा ऊँचा स्थान रखती है।

—जॉन सी. मैक्सवेल

अमेरिकी लेखक, वक्ता व पादरी

अब तक हमने जाना है कि खुद में और अपने काम में भरोसा करना बहुत ही जरूरी बात है। विश्व के चौथे सबसे बड़े ऐतिहासिक अमीर एंड्रयू कार्नेगी ने नेपोलियन हिल, जो व्यक्तिगत सफलता साहित्य के

आधुनिक शैली के प्रारंभिक महान् रचनाकारों में एक थे, को करोड़पतियों की सफलताओं के सर्वोच्च रहस्य को ढूँढ़ने के लिए व्यापक सर्वेक्षण करने का आग्रह किया गया था। हिल ने एक शब्द में अपने गंभीर शोध का नतीजा पेश किया था—भरोसा, यानी मानव मन कुछ भी हासिल कर सकता है, जिसमें वह भरोसा करता हो।

अब सवाल उठता है कि सिर्फ अपने पर और अपने काम में भरोसा कर लेने से ही हम सफल हो सकते हैं। आपको कैसे पता कि आप जिस काम पर यानी जिस विचार पर भरोसा करते हुए आत्मविश्वास के साथ फैसला ले रहे हैं, वह सटीक है ? आप किस ठोस आधार पर यह मान रहे हैं कि जिस काम या विचार को सफल बनाने को जी-जान से जुटने जा रहे हैं, वह आपकी विनाशकारी भूल नहीं है ? हम रोज ही इस तरह की खबरें सुनते-पढ़ते रहते हैं कि दिग्गज कंपनियों और उद्यमियों-कारोबारियों से भी कभी-कभी ऐसे फैसले हो जाते हैं, जो उनके अस्तित्व का संकट तक साबित होते हैं। बेहद अनुभवी लोगों की भी सिर्फ एक गलती ही उनकी जीवन भर की कमाई व प्रतिष्ठा को ध्वस्त करनेवाली हो सकती है।

भरोसा जितना सटीक फैसला भी जरूरी

बिल्कुल साफ है कि जीवन का हर फैसला अपने आप में इतना महत्त्वपूर्ण व शक्तिशाली होता है कि वह आपकी अब तक की सफलताओं के महल को ध्वस्त कर सकता है। यह इस बात को साबित करता है कि यदि फैसला सटीक हो तो आश्चर्यकारी नतीजे भी मिल सकते हैं। जी हाँ, एक फैसला ही आपको आश्चर्यजनक ऊँचाई पर पहुँचा सकने की ताकत रखता है। हमें अकसर ऐसे फैसलों के भी उदहारण मिलते हैं, जिन्हें बाकी दुनिया विनाशकारी समझती थी, लेकिन असल नतीजे चौंकानेवाले होते हैं और उन व्यक्तियों को अचानक सबसे ऊँचे शिखर पर पहुँचा देते हैं। यानी अपने काम पर, विचार पर सटीक फैसला लेना भी उतना ही महत्त्वपूर्ण है, जितना कि भरोसा।

तो अब असल मुद्दा यह है कि हम खुद पर भरोसा करने के

साथ-साथ सटीक फैसले करने के गुर कैसे सीखें? जब दिग्गजों से भी गलतियाँ हो सकती हैं तो भला हम कैसे उन गलतियों से बच सकते हैं! मन में ऐसा तर्क आए तो वह भी स्वाभाविक ही है। हाँ, जैसे किसी से भी गलतियाँ हो सकती हैं तो हमसे भी। हम गलतियाँ नहीं ही करेंगे, ऐसी सौ फीसदी गारंटी तो नहीं दी जा सकती, लेकिन हम खुद में सटीक फैसले करने की कला विकसित कर सकते हैं। इस कला के प्रयोग से फैसलों के गलत हो जाने की संभावना बहुत हद तक कम की जा सकती है और फिर उनके नकारात्मक प्रभावों को एक सीमा में बाँधा जा सकता है। जी हाँ, अपने फैसले के विपरीत प्रभाव को नियंत्रण में रखने को ही आकलित जोखिम (कैलकुलेटेड रिस्क) उठाना कहते हैं और इस कला को आधुनिक व्यवसाय प्रबंधन (बिजनेस मैनेजमेंट) की भाषा में जोखिम प्रबंधन (रिस्क मैनेजमेंट) नाम से जाना जाता है।

ध्यान रहे कि यह कोई ऐसी दुर्लभ कला नहीं है कि इसे विशिष्ट प्रतिभावाले ही सीख सकते हैं। इसे कोई भी साधारण व्यक्ति सीख सकता है। लेकिन जो इस कला को साध लेते हैं, वे साधारण नहीं रह जाते, विशिष्ट हो जाते हैं। उनके फैसले सटीक होने लगते हैं और उनके जीवन या कारोबार पर उनके फैसलों का विपरीत प्रभाव हो जाता है। फिर उनकी सफलता की रफ्तार कमजोर नहीं पड़ती। ऐसे लोग पहले से ही नुकसान की भरपाई की तैयारी कर रहे होते हैं। लिहाजा, तमाम सावधानियों के बाद भी जब नुकसान की नौबत आती है तो वे उसे झेलने के लिए तैयार होते हैं।

यह जीवन की कठोर सच्चाई है कि हम फैसले करने से बच नहीं सकते। हम चाहें या न चाहें, फैसले तो करने ही पड़ते हैं। विषय कुछ भी हो, मौजूदा रोजगार या नौकरी में बने रहना, नए अवसरों की तलाश, पेशेवर जीवन का चुनाव, किसी परियोजना में समर्थन बनाए रखना या फिर नया निवेश करना—हरेक मामले में हमसे सटीक फैसले की उम्मीद की जाती है और हमें जीवन या कारोबार में आगे बढ़ने के लिए हर हाल में फैसले करने ही पड़ते हैं। साफ है कि हम धनी बनने का मन बना चुके हैं तो हमें

भी लगातार फैसले लेने पड़ेंगे और वे भी बिल्कुल सही, सटीक फैसले, वरना अब तक की सारी मेहनत बेकार हो सकती है। लेकिन जब हमने तय कर लिया है कि धनी बनना है तो हम सटीक फैसले ही लेंगे और आकलित जोखिम प्रक्रिया को अपनाते हुए उसके नतीजे को अपने दायरे में रखेंगे।

यही वह कला है, जिसके जरिए हम अपने मन में आनेवाले स्वाभाविक विचारों में से उन विचारों को छाँट सकते हैं, जिनमें बेहतर नतीजे ला सकने की संभावना ज्यादा है या फिर सर्वोत्तम संभावनाओंवाले नए विचारों की खोज कर सकते हैं। यही कला सुनिश्चित करेगी कि वे कौन से विचार हैं, जो हमें सफल होने में सक्षम बना सकते हैं और उनमें हमें भरोसा करना चाहिए।

तो सबसे पहले क्या करें, कैसे ढूँढ़ें सफलता सुनिश्चित करनेवाले विचारों को? बहुत ही आसान उपाय है। यहाँ भी जीवन के सार्वभौमिक सिद्धांत लागू होते हैं। जी हाँ, जो चीजें बहुत साफ हैं, यानी जो सामान्य विचार हैं, यानी जो अधिकतर लोगों के विचार हैं, उनके जरिए सफलता मुश्किल से ही आती है और इस सत्य का प्रमाण यह है कि जब सफलता के विचार इतने आसान हैं, जो सबको पता हैं तो फिर सभी धनी क्यों नहीं हो जाते हैं?

आप किसी भी क्षेत्र को चुन लीजिए। उसमें हजारों-लाखों वर्षों से काम कर रहे होते हैं, लेकिन अधिकांश कर्मचारी, कुछ अधिकारी व चंद लोग उद्यमी होते हैं। उद्यमियों में भी अधिकांश सफलता के निचले पायदान तक, कुछ मझले और गिने-चुने ही सबसे ऊँचे पायदान पर पहुँच पाते हैं। एक ही काम, एक ही कारोबार, एक उद्यम में अधिकांश लोग उच्च शिखर पर क्यों नहीं पहुँच पाते? क्यों सभी एक जैसे धनवान् नहीं हो पाते; जबकि लगभग सभी को उस काम, कारोबार व उद्यम की संभावनाओं का भी पता होता है। उनके सामने सफलता के कई उदाहरण भी मौजूद होते हैं। निचले, मध्य व उच्च पायदानों पर पहुँचे हुए लोगों का नजदीकी से अध्ययन करेंगे तो साफ हो जाएगा कि कुछ लोग ही उच्च शिखर पर क्यों

पहुँच पाते हैं। फिर आपको पता चलेगा कि सिर्फ उच्च शिखर पर पहुँचे कुछ लोग ही तमाम विचारों के बीच सर्वश्रेष्ठ विचार की संभावनाओं का सटीक आकलन करने की कला में माहिर थे; सिर्फ वे ही अपनी सफलता के रास्ते की बाधाओं के पार देख सकते थे; सिर्फ उन्हीं लोगों ने बाधाओं को पार करने की हिम्मत जुटाई थी; सिर्फ उनमें ही सफलता को सुनिश्चित करने के लिए सबसे जरूरी साधनों व उपायों की पहचान करने की क्षमता थी और सिर्फ वे ही दृढ़ निश्चय, धैर्य व लगन के साथ उस रास्ते पर आगे बढ़ते रहे थे।

जी हाँ, जीवन के किसी भी क्षेत्र में—कारोबार हो या उद्यम या फिर पेशा—सफलता हासिल करना तनी हुई रस्सी पर चलने जैसा ही है। एक गलत कदम, जरूरी नहीं कि वह घातक ही हो, फिर भी थोड़े समय के लिए झटका तो दे ही सकता है। साफ है कि हमें सटीक फैसले के गुर तो सीखने ही पड़ेंगे। यानी हम सिर्फ तभी हाँ कहें, जब उसका उचित वक्त हो, बाकी समय में न और अस्थिर व्यापार सौदों को हर कीमत पर टाल दें। उत्साहवर्धक तथ्य यह है कि अधिकांश धनी यही कहते हैं कि उनमें यह गुण जन्मजात नहीं था, लेकिन उन्होंने अपने पेशेवर जीवन की शुरुआत में ही इस कला की जरूरत व महत्त्व को समझ लिया था। फिर उन्होंने धीरे-धीरे खुद में उस कला को न केवल विकसित किया था, बल्कि उसे नियमित अभ्यास से निखारते-चमकाते-बढ़ाते भी रहे थे। इस तरह उन्हें पता भी नहीं चला कि वे निर्णय लेने की कला में कब माहिर हो गए। यानी यदि किसी के पास सीखने का उत्साह हो और वह जरूरी ऊर्जा व समय लगाए तो वह सटीक निर्णय लेने की अद्‌भुत कला को हासिल कर सकता है।

साफ है कि जब किसी काम या विचार में अधिकांश लोगों को सिर्फ असंभाव्यताएँ (इंपोसिबिलिटी) ही नजर आ रही हों, फिर भी आप उसमें संभाव्यताओं (पोसिबिलिटी) को ढूँढ़ सकें तो सटीक फैसला कर पाएँगे और फिर उस काम में सफल होकर सबसे आगे निकल पाएँगे। यही कारण है कि जब अच्छे मौके दरवाजा खटखटाते हैं, अधिकांश लोग उन्हें खारिज

कर देने की गलतियाँ कर बैठते हैं। लिहाजा, जब आप सफलता व धनवान् बनने की राह पर आगे बढ़ रहे हों तो उन लोगों की हर संभव कोशिश को नजअंदाज करें, जो आपके कदमों की आलोचना कर रहे हों या आपकी राह में बेवजह की टिप्पणियों के रोड़े फेंकते हों। यहाँ एक बात और ध्यान देने की है कि हमारे फैसले पर आपत्ति जतानेवाले हमारे आस-पास के भी हो सकते हैं और उस क्षेत्र के विशेषज्ञ भी, और उनकी आपत्तियाँ तथाकथित तर्कसंगत विश्लेषण पर आधारित हो सकती हैं। ऐसे में भी आपको अपने सटीक फैसले पर अडिग रहना है और अपने सहज ज्ञान की शक्ति से ऐसे तार्किक लगनेवाले विचारों (मानसिक रुकावटों) के पार देखना होगा और अपने रास्ते से हटाना होगा। इसी सहज ज्ञान के विकास से हमारे भीतर सटीक निर्णय लेने की क्षमता बढ़ सकेगी और हम व्यवहार्य (फिजिबल) होने योग्य तथा अव्यवहार्य (इनफिजिबल), न होने योग्य में अंतर कर सकेंगे। फिर हम सोने की खान का रास्ता ढूँढ़ पाएँगे, जबकि बाकी लोगों कुछ भी दिखाई नहीं देगा।

खेल व संचार माध्यम प्रबंधन (मीडिया मैनेजमेंट) की अंतरराष्ट्रीय संस्था आई.एम.जी. (इंटरनेशनल मैनेजमेंट ग्रुप, न्यूयॉर्क) के संस्थापक चेयरमैन मार्क ह्यूम मैककॉर्मेक ने अपनी बहुचर्चित रचना 'व्हाट दे डोंट टीच यू एट हार्वर्ड बिजनेस स्कूल' में अव्यवहार्य योजना के विफल होने के कारण का दिलचस्प उदाहरण पेश किया है—

कुत्ते का भोजन (डॉग फूड) बनानेवाली एक कंपनी अपना वार्षिक बिक्री सम्मेलन आयोजित कर रही थी। सम्मेलन सत्र के दौरान कंपनी के अध्यक्ष ने अपने विज्ञापन निदेशक द्वारा पेश की गई उद्योग में क्रांतिकारी बदलाव लानेवाली बिक्री-बिंदु योजना को धैर्य से सुना था और उसके बिक्री निदेशक ने व्यवसाय में सबसे अच्छे बिक्री बल के गुणों की काफी प्रशंसा की थी। अंत में, वह समय था अध्यक्ष का मंच पर जाकर समापन भाषण देने का।

उसने बोलना शुरू किया था, ''पिछले कुछ दिनों में हमने अपने सभी

प्रभाग-प्रमुखों से आनेवाले साल की जबरदस्त योजनाओं के बारे में सुना। अब जैसा कि हम समापन की ओर जा रहे हैं, मेरे पास एक ही सवाल है। यदि हमारे पास सबसे अच्छा विज्ञापन, सबसे अच्छा विपणन, सबसे अच्छा बिक्री बल है तो फिर हम व्यवसाय में किसी से भी सबसे कम डॉग फूड क्यों बेचते हैं?''

सम्मेलन कक्ष में नीरव शांति छा गई थी। अंत में, जैसा कि हमेशा ही देखने को मिलता है, कक्ष के पिछले हिस्से से एक कमजोर सी आवाज ने जवाब दिया था, क्योंकि कुत्ते इससे नफरत करते हैं।

जाहिर है कि दुनिया के सर्वोत्तम विज्ञापन व विपणन भी उस घटिया उत्पाद या सेवा की मदद नहीं कर सकते, जो कि जरूरत को पूरा न करता हो, तो हम कैसे पता करें कि हमारी योजना कारगर है या नहीं? जी हाँ, इसके लिए सबसे जरूरी चीज है सहज ज्ञान, जिसे हम बाकी तैयारियों की भाग-दौड़ में नजरअंदाज कर देते हैं। याद रखें, जब राइट बंधुओं ने हवाई जहाज बनाया था, तब तक कई ऐसे वैज्ञानिक अध्ययन आ चुके थे, जो साबित करते थे कि हवा से भारी कोई भी चीज उड़ नहीं सकती है।

सोइचिरो होंडा के जीवन की कहानी भी सहज ज्ञान के आधार पर सटीक फैसले करने का जीवंत उदाहरण पेश करती है। होंडा ने अपनी आत्मकथा में लिखा है—

''जब हमने मोटरसाइकिल का विनिर्माण शुरू किया था, प्रलय के भविष्य वक्ता (कयामत के नबियों), जो कभी हमारे सबसे अच्छे मित्र रहे थे, मुझे हतोत्साहित करने आ गए थे। 'तुम महज गैरेज क्यों नहीं स्थापित कर लेते? तुम पैसों का ढेर लगा दोगे। समूचे देश में मरम्मत करने के लिए ढेर सारी कारें हैं।' मैंने उनकी निराशावादी सलाह को नहीं सुना था। तो मैंने अपनी शोध प्रयोगशाला के अलावा होंडा मोटर कंपनी शुरू की थी। यह अब पूरी दुनिया में फैल चुकी है।''

जी हाँ, अजीबोगरीब किस्म के आशावादी होंडा ने अपने सहज ज्ञान से, जिसे आम बोलचाल में उदर (पेट)-ज्ञान (गट सेंस) भी कहा जाता

है, उस संभाव्यता को या व्यवहार्यता को देख लिया था, जिसे बाकी लोग नहीं देख पा रहे थे और नजदीकियों द्वारा हतोत्साहित किए जाने के बावजूद अपने फैसले पर डटा रहा था और फिर अपनी लगन व मेहनत से उसे सफल साबित कर दिखाया था। होंडा ने आगे लिखा है—

''अपनी 10 लाख येन की छोटी सी पूँजी के साथ हम बेहद गरीब, लेकिन कड़ी मेहनत करनेवाले थे और अपने द्वारा उठाए जा रहे विशाल जोखिम के प्रति बेहद सचेत थे। उस वक्त जब राष्ट्रीय उद्योग हमारे सामने ध्वस्त पड़ा हुआ था, हम एक औद्योगिक क्षेत्र (इंडस्ट्रियल सेक्टर) को उदासी से बाहर निकालने की आशा कर रहे थे। उस वक्त, जब लोग इतने ज्यादा गरीब थे कि पेट्रोल नहीं खरीद सकते थे और यदि आर्थिक स्थिति बेहतर हुई होती तो वे बाद में निश्चित रूप से कार के मालिक बनना चाहते, हम मोटरसाइकिल बेचने का एक मूर्खतापूर्ण जुआ खेल रहे थे। हम सबसे आशावादी आर्थिक पूर्वानुमानों की नजरों में भी उड़ रहे थे।''

ऐसा ही तो रे क्रोक के साथ हुआ था। मैकडोनॉल्ड्स फास्ट फूड रेस्तराँ में क्रोक को जो संभावनाएँ दिख सकी थीं, वे संस्थापक बंधुओं को नहीं दिखाई दे पा रही थीं। ऐसा तब हुआ था, जब मैकडोनॉल्ड-भाइयों ने ही उस रेस्तराँ की आधारशिला रखी थी और जी-तोड़ मेहनत से उसे एक स्तर तक सफल भी बनाया था। लेकिन दोनों भाई अपनी ही आशातीत सफलता से ऊब गए थे। उन्होंने अपनी बाकी जिंदगी को आराम में बिताने का फैसला किया था और उनकी कार्य-क्षमताएँ सुस्त पड़ने लगी थीं। जबकि 52 साल के रे क्रोक उत्साह से लबालब थे। उनमें संभाव्यता को परखने तथा उचित मौके पर सटीक फैसला लेने का सहज ज्ञान भी था। उनमें योजना को कार्यान्वित करने की हिम्मत भी थी और जरूरत के मुताबिक साधन जुटाने की क्षमता एवं संगठन निर्माण की कार्य-कुशलता भी। लिहाजा, आज दुनिया रे क्रोक को प्रेरणा-पुरुष मानती है तो मैकडोनॉल्ड-बंधुओं पर अफसोस जताती है।

अब खुदरा कारोबार की विश्व की दिग्गज कंपनी वॉलमार्ट के

संस्थापक सैम वाल्टन से सीख लीजिए कि उन्होंने मौके को किस तरह से पहचाना था और कैसे सटीक फैसले किए थे। वाल्टन अपनी आत्मकथा 'मेड इन अमेरिका' में कहते हैं—

"हमारे सबसे अच्छे अवसरों में से कई जरूरतों में से रचे गए थे। चूँकि हम कम वित्त-पोषण व कम पूँजी से दूर-दराज में छोटे समुदायों में शुरू हुए थे, इसलिए जो चीजें हमें जबरदस्ती करनी पड़ी थीं, उन्होंने हमें एक कंपनी के रूप में बढ़ने में जोरदार मदद की थी।"

यानी सैम वाल्टन ने अपनी मजबूरियों से सीखा और वे सारे फैसले भी किए, जो मजबूरन लेने पड़े थे; लेकिन उनके सहज ज्ञान ने ऐसी गलती नहीं होने दी, जिससे उन्हें घातक झटका लगता और वे लगातार बढ़ते हुए पूरी दुनिया में फैल गए।

समस्या में भी संभावना देखने की कला

अब तक यह साफ हो गया है कि जब दूसरों को सिर्फ समस्याएँ ही नजर आ रही हों तो भी अवसर की संभावनाओं को देख सकनेवाले लोग ही सटीक फैसले कर पाते हैं और फिर सफल हो जाते हैं। यही तो है सटीक फैसले ले पाने की कला और सफलता का मूल मंत्र। यह सिद्धांत सिर्फ आविष्कारों या बड़े पैमाने के उद्यमों में ही नहीं, बल्कि छोटे कारोबारों, जीवन में की जानेवाली सभी कोशिशों पर लागू होता है।

कितनी बार आपने लोगों को अपनी असंभव सी प्रतीत होनेवाली योजनाओं में से किसी पर उँगली उठाते हुए देखा है? कितनी बार आपने इस एहसास से पहले कि सिर्फ विपरीत सच था, कुछ न होने योग्य या हासिल करने में असंभव का फैसला कर लिया था? तथाकथित तर्कसंगत कारणों या फिर अधिकतर आत्मविश्वास की रहस्यमय कमी के चलते हम सपना देखना छोड़ देते हैं या फिर अपने को यह कह कर सांत्वना दे देते हैं कि यह तो किसी भी रूप में सफल होना ही नहीं था। यह समस्या सीधे स्व-चित्रण से जुड़ी हुई है। आप अपना जितना बेहतर स्व-चित्रण करेंगे, यानी आप अपने बारे में जितनी अच्छी तसवीर बना सकेंगे, यानी आपको

खुद पर जितना भरोसा होगा, आपको अपने आसपास मौजूद उतनी ही ज्यादा संभावनाएँ दिखाई देंगी और फिर आपके द्वारा उन अवसरों पर काम करने लिए जोखिम उठा पाने की संभावनाएँ भी बढ़ जाएँगी। सीधी बात है, जब दिखाई ही नहीं देगा तो हम करेंगे क्या और जब करेंगे नहीं तो मिलेगा क्या?

असल में अधिकांश अचेतन (अनरियलाइज्ड) योजनाएँ व विचार शुरू में न तो व्यवहार्य होते हैं और न ही अव्यवहार्य। वे तो बस, सिर्फ योजनाएँ ही होती हैं, जो सफल भी हो सकती हैं और असफल भी; क्योंकि किसी भी योजना की सफलता इस बात पर निर्भर करती है कि उसमें कितनी गुणवत्तापूर्ण तथा कितनी मात्रा में ऊर्जा का निवेश किया गया। वे योजनाएँ तभी फलित होती हैं, जब आप अपना स्व-चित्रण करने में सक्षम हों; क्योंकि तभी आप अपनी असल ताकत का भी अनुमान लगा सकेंगे और फिर जुनून के साथ अपनी सौ फीसदी ताकत झोंक पाएँगे। जब ऐसा होगा तो आपको पता चलेगा कि आपके भीतर आपके अनुमान से भी ज्यादा ताकत थी और आपके नतीजे भी आपके अनुमान से ज्यादा बेहतर आए थे। जी हाँ, आपने अपनी ही संभावनाओं का आकलन कम किया था। अभी-अभी आपको अपने भीतर छुपी हुई रहस्यमय ताकत—अवचेतन मन की असीम ताकत—का पूरा एहसास नहीं हुआ है।

एक सामान्य मानवीय कमजोरी है कि वह अपनी योजनाओं के रास्ते में आनेवाली संभावित बाधाओं को बढ़ा-चढ़ाकर देख लेता है और यही वह कमी है, जो उसे योजनाओं की बेहतर संभावनाओं के सटीक आकलन कर पाने में बाधा पहुँचाती है। तभी तो कहा जाता है, ज्यादा जानकार ज्यादा गलतियाँ करते हैं। जी हाँ, किसी योजना के बारे में सिर्फ जानकारियाँ जुटा लेना ही असल समझदारी नहीं है, क्योंकि उपलब्ध जानकारियाँ रास्ते की बाधाओं को बढ़ा-चढ़ाकर पेश करती हैं। यह वही तर्क है कि जब ज्यादातर लोग असफल हुए हैं तो हम कैसे सफल होंगे? और यहीं पर वह संभावना छुपी होती है, जिसे कुछ सफल लोग देख पाते हैं। है न दिलचस्प

तथ्य कि हम कुछ सफल लोगों से सीखने की बजाय ज्यादा असफल लोगों के अनुभवों से डर जाते हैं और अपनी असल क्षमताओं को परखने की हिम्मत ही नहीं जुटा पाते।

ध्यान रहे, जब हम अपने अंदर की असीम संभावनाओं को परखने की बात पर जोर देते हैं तो इसका मतलब यह नहीं है कि हम संभावित बाधाओं को नजरअंदाज करें। हमारा मंतव्य यह है कि बिना दूसरों की असफलताओं से डरे हम अपनी योजनाओं और अपनी क्षमताओं का निरपेक्ष आकलन (न्यूट्रल असेसमेंट) करें। जब हम ऐसा करेंगे तो हमें अपनी योजनाओं में बाधाएँ नजर आएँगी, तो उसकी संभावनाएँ भी नजर आएँगी और उसे अमल में ला सकने की अपनी क्षमताओं का पता चल सकेगा। फिर आप बाधाओं से डरेंगे नहीं, बल्कि उस योजना की संभावनाएँ आपको रास्ते की बाधाओं को हटाने के लिए जरूरी अपनी कमियों को दूर करने के लिए उत्साहित करेंगी। ज्यों-ज्यों आप कुशलताओं को हासिल करते जाएँगे, आपको उसी योजना में पहले से ज्यादा संभावनाएँ नजर आने लगेंगी और जब आप खुद को तमाम जरूरी कुशलताओं से लैस कर लेंगे, उस योजना की संभावना विशाल आकार ले लेगी और फिर आप इतने उत्साहित हो चुके होंगे कि वह योजना बड़ी आसानी से कार्यान्वित होने लगेगी और असीमित नतीजों को जमीन पर ले आएगी। यही है किसी योजना को देखने-परखने का अधिक कुशल व प्रभावी तरीका—और हर सफल व्यक्ति इसी सिद्धांत पर चलता है। तभी तो कहते हैं—पहले खुद को जीतो, तुम्हारी जीत पहले से ही निश्चित है।

तथ्य यह है कि किसी योजना में यदि अनेक संभावनाएँ हैं तो कुछ बाधाएँ भी हैं। जरा ध्यान से सोचिए कि कुछ बाधाएँ ही क्यों डरा देती हैं हमें अनेक संभावनाओं के पीछे दौड़ने से? आप महसूस करेंगे कि आपने तो संभावनाओं को देखा ही नहीं, क्योंकि बाधाओं ने उन्हें देखने का मौका ही नहीं दिया; और यही तो हमारी कमी है, जिसे निशाने पर लेना सबसे ज्यादा जरूरी काम है। जब तक हम इस कमी को दूर नहीं करते, किसी

योजना या विचार का सटीक आकलन नहीं कर सकते और फिर सटीक फैसला भी नहीं—और जब फैसले ही सटीक नहीं होंगे तो नतीजा भी वैसा ही निकलेगा। असफल लोगों के साथ ऐसा ही होता है। उनके गलत आकलन के कारण एक के बाद दूसरी योजनाएँ असफल होती जाती हैं, उनका उत्साह ठंडा पड़ता जाता है और वे थककर बैठ जाते हैं। लेकिन हमें खुद को इस मानसिक जाल में फँसने नहीं देना है, दृढ़ निश्चय के साथ सफलता व धनवान् बनने के रास्ते पर आगे बढ़ना है, स्व-चित्रण से आत्मविश्वास को बढ़ाना है, निरपेक्ष भाव से खुद को तथा अपने विचारों को परखना है, संभावनाओं पर नजर टिकानी है, अपनी कमियों को दूर करते जाना है और एक के बाद दूसरी सफलताओं की झड़ी लगानी है।

सफलता का महामंत्र : सहज ज्ञान पर भरोसा

हमने तीसरे अध्याय में अपनी पाँच ज्ञानेंद्रियों व अवचेतन मन, जिसे बोलचाल की भाषा में छठी इंद्रिय (सिक्स्थ सेंस) और दार्शनिक भाषा में दिव्य दृष्टि (क्लेयरवोएन्स) कहा जाता है, के बारे में में गहराई से अध्ययन किया है। साथ ही हमने यह भी जाना है कि आत्म-सुझाव के जरिए हम किस तरह से अवचेतन मन की अद्‌भुत कार्य-प्रणाली की सकारात्मक क्षमताओं को बढ़ाकर आत्मबोध (सेल्फ रियलाइजेशन) की अवस्था में पहुँच सकते हैं। हमें यह भी पता चल चुका है कि यह मनुष्य की सबसे बड़ी ताकत है, जिसके जरिए वह साक्षी-भाव से सबकुछ सभी संभावनाओं व सभी कमजोरियों को देख-परख सकता है। फिर हम खुद के असीम शक्ति-स्रोत (पॉवर सोर्स), जिससे बिना रुके लगातार सहज ज्ञान की धारा फूटती रहती है, का उपयोग क्यों नहीं कर पाते? उस पर अटूट भरोसा क्यों नहीं कर पाते? इसलिए कि हमने अभी भी आत्मबोध की मानसिक अवस्था को हासिल नहीं किया है।

जी हाँ, उस अध्याय को बार-बार पढ़ने की जरूरत है, जब हम अपने अवचेतन मन की महिमा को यानी अपने सहज ज्ञान की ताकत को ठीक प्रकार से स्वीकार नहीं करेंगे तो आत्म-बोध कैसे जाग्रत् हो सकेगा—और

जब तक ऐसा नहीं होगा, हम सहज ज्ञान पर अटूट भरोसा कैसे कर पाएँगे। सीधी भाषा में इसी को कहते हैं—खुद पर भरोसा करना, यानी खुद की संभावनाओं व क्षमताओं पर विश्वास करना। और यह भरोसा भी अटूट होना जरूरी है, खुद पर संपूर्ण विश्वास (बिना किसी किंतु-परंतु के)। आपको फिर एक बार याद दिलाना जरूरी है कि एंड्रयू कार्नेगी के आग्रह पर नेपोलियन ने करोड़पतियों पर शोध के बाद उनकी सफलता का राज क्या बताया था? भरोसा, यही तो सफलता की चाभी, आश्चर्यजनक कर दिखाने का महामंत्र (द ग्रेट चांट), महासूत्र (ए ग्रेट फॉर्मूला), कभी न चूकनेवाला महा-दिव्यास्त्र (द ग्रेट डिवाइन वेपन), अर्थात् ब्रह्मास्त्र (ब्रह्मा का सर्वशक्तिमान अस्त्र) है।

इसी सहज ज्ञान को आध्यात्मिक ज्ञान भी कहते हैं, जिसे कबीर ने एक दोहे में जन-साधारण की भाषा में पिरोया है—

कस्तूरी कुंडल बसे, मृग ढूँढ़त वन माहि।
ज्यों घट-घट में राम है, दुनिया देखे नाहि।।

(—अर्थात् कस्तूरी कुंडल में है, हिरण (कस्तूरी मृग, जिसमें दिव्य सुगंध होती है) जंगल में ढूँढ़ता है, जैसे कि हर ह्रदय में राम हैं, लेकिन दुनिया देखती नहीं है।)

तो हम अपने भीतर की दिव्य सुगंध (डिवाइन फ्रेग्रेंस), जो लगातार हमारे अवचेतन मन से फूटती रहती है, को कैसे महसूस करें? सफल व धनवान् होने के सुगंध-स्रोत के ढक्कन को कैसे हटाएँ कि वह हमारे जीवन को सुगंधित कर दे और दुनिया को भी हमारी सफलता के आनंद का लाभ उठाने का मौका मिल सके।

जी हाँ, जैसे ही हम अपने सहज ज्ञान को पहचानने लगेंगे, उसकी खुशबू स्वाभाविक रूप से बहने लगेगी और हम आनंद भाव से जो भी फैसला करेंगे, वह सहज, आसानी से होने योग्य ही होगा और उसके नतीजे भी सहज ही होंगे। फिर सफलता के लिए सायास श्रम (जान-बूझकर कोशिश) नहीं करना पड़ेगा। सबकुछ अनायास (अपने आप) ही होता

रहेगा और यह हमारा दूसरा स्वभाव (सेकंड नेचर) बन जाएगा। इसी को तो ईश्वर-भक्त आत्म-भक्ति (सेल्फ डिवोशन) कहते हैं। संपूर्ण समर्पण (कंपलीट डेडीकेशन) के साथ ईश्वर की आराधना कहते हैं। इसी को श्रीकृष्ण ने 'गीता' में निष्काम कर्मयोग कहा है, जिसे हम सहज कर्म कौशल (नेचुरल वर्कमैनशिप) भी कह सकते हैं—हमारी स्वाभाविक कर्म करने की क्षमता।

जब हम अपने सहज ज्ञान के उपयोग से खुद को सहज कर्म-कुशल बनाएँगे, हमें पता चलना शुरू जाएगा कि कौन सी योजना वास्तव में सही है, क्योंकि तब आपका अवचेतन मन फैसला करने लगेगा और इसका साफ संकेत आपको अपनी अनुभूति में मिलेगा। यदि योजना सही है, कारगर है तो आप अच्छा अनुभव करेंगे और यदि योजना आपके मन को उत्साहित नहीं करती है तो उसे तत्काल टाल दीजिए और दूसरी की तरफ बढ़ जाइए। उस योजना, जिसके लिए आपका मन माने, जिस पर आप भरोसा कर सकें और जो आपकी ऊर्जा को जगाए, आपको उत्साहित करे।

हाँ, यह समय है कि हम अपनी सहज बुद्धि (कॉमन सेंस) को, अपनी प्रज्ञा (इंटेलिजेंस) को, मेधा (इंटेलेक्ट) को, समझदारी (रैशनलिटी) को फिर से जगाएँ, दुबारा प्रशिक्षित करें और पहचानें-मानें कि हमारे अवचेतन मन का ज्ञान सहज ज्ञान की सूचनाओं व निर्देश का अक्षय पात्र है; ऐसा भंडार है, जो कभी भी खाली नहीं रहता। यही तो हमारे मन का सोने का खजाना है। तो खोलिए अपने मन का द्वार और हासिल कर लीजिए सनातन समृद्धि (इंटरनल प्रॉस्पेरिटी)। यही है वह प्राप्ति, जो हमेशा से आपके पास रही है और हमेशा ज्यों-की-त्यों बनी रहेगी। और जब आपके पास यह है तो करोड़पति-अरबपति कौन सी बड़ी बात है। आप अपनी मेधा/प्रज्ञा/समझ को अपनी सहज ज्ञान-युक्त आवाज (इनट्यूटिव वॉयस) को सुनने व अभिव्यक्त करने के लिए प्रशिक्षित कीजिए। सहज ज्ञान से प्राप्त समझ अपने स्वभाव से अनुशासित होती है। यह जब अपनी संपूर्ण आवेग (फुल इंपल्स) के साथ हमारे भीतर प्रकट होती है तो हममें आत्मानुशासन

(सेल्फ डिसिप्लिन) आता है और फिर अनुशासन हमें अपनी सहज ज्ञान-युक्त आत्म (इंट्यूटिव सेल्फ), आत्मा (इनर सेल्फ) या वास्तविक स्व (ट्रू सेल्फ) से सबकुछ पूछ सकने और उत्तर या निर्देश प्राप्त करने में मदद करता है।

तो हम कैसे जान सकेंगे कि कब फैसला करें। हम कैसे जान सकेंगे कि हमने स्थितियों की पूरी छानबीन कर ली है और हमारे पास सभी जरूरी तथ्य व सूचनाएँ मौजूद हैं? सीधा सा जवाब है कि हम अपने अवचेतन कार्यक्रम (सब कांसियस प्रोग्राम), आत्मा के प्रक्रिया सामग्री कार्यक्रम (सॉफ्टवेयर प्रोग्राम ऑफ इनर सेल्फ) पर भरोसा करें और कहें—सही उत्तर आसानी व सहजता से मेरे पास आ जाएगा या मेरे भीतर का मार्गदर्शन मुझे सही उत्तर दे रहा है या मेरी आंतरिक शक्तियाँ मुझे सही निर्णय करने की अनुमति दे रही हैं। जब हम ये वाक्य बार-बार दोहराएँगे तो हमें अपनी आत्मा की आवाज सुनाई देगी। इसको ध्यान से सुनना है। जो शब्द सहज लगे, वही हमारी आत्मा का उत्तर है, वही हमारे मन की असल आवाज है, वही हमारे फैसले के सही निर्देश व आदेश (डायरेक्शन एंड ऑर्डर) हैं। इस प्रकार प्रतिज्ञानों या अभिपुष्टियों (इन्फॉर्मेशन) या समर्थनों (बैंकिग) या पुष्टिकरणों (कॉन्फरमेशन) से सही मायने में हम अपनी सहज ज्ञान-युक्त मन (इंट्यूटिव माइंड) की बुद्धि, यानी आत्मबुद्धि (सेल्फ विज्डम) को पुकार रहे हैं। हमें इन्हीं शब्दों, निर्देशों व आदेशों पर फैसला करना है, आगे बढ़ना है और काम करना है। यही हमारा सहज कार्य (इंट्यूटिव एक्शन) है, जो स्व-परिभाषित (सेल्फ डिफाइंड) है, अर्थात् उसका सफल होना पहले से ही तय है।

जब हम अपने सहज ज्ञान से जीवन जीना सीखना शुरू करते हैं तो हमारा मस्तिष्क भी हमारी आत्मा के साथ तादात्म्य स्थापित कर लेता है, अर्थात् मस्तिष्क (ब्रेन) अवचेतन मन (सब कांसियस माइंड) को पहचान लेता है और हमारे फैसले सहज होने लगते हैं। यानी ऐसी अवस्था में जब हमारी पाँचों ज्ञानेंद्रियों द्वारा मस्तिष्क तक बाहरी सूचनाएँ पहुँचाई जाती हैं

तो उसका स्वतः संपादन (ऑटोमैटिक एडिटिंग) शुरू हो जाता है। फिर हमारी अवचेतन मन की सहज बुद्धि के पास सटीक सूचनाएँ ही पहुँचती हैं, यानी हमारी कंप्यूटर प्रणाली के अनम्य चक्र (हार्ड डिस्क) में सिर्फ जरूरी सूचनाएँ ही जमा हो पाती हैं और फिर हमारा सामग्री प्रक्रिया कार्यक्रम (सॉफ्टवेयर प्रोग्राम) सही गणना करने लगता है।

यदि सहज ज्ञान का उपयोग करते हुए लगे कि हमें सहज फैसले लेने में परेशानी हो रही है तो खुद को थोड़ा विराम (ब्रेक टाइम) दीजिए। यह वक्त कुछ क्षणों का हो सकता है, एक या कुछ घंटों का या फिर पूरे दिन या उससे भी ज्यादा का। तथ्यों की समीक्षा (रिव्यू ऑफ फैक्ट्स) के लिए खुद को पूरा वक्त दीजिए, लेकिन जरूरत से ज्यादा भी नहीं, क्योंकि समीक्षा-प्रक्रिया के लिए एक समय-सीमा खींचना भी जरूरी है। यह समय-रेखा (टाइम लाइन) आपकी सहज ज्ञान-युक्त निर्णय प्रक्रिया को जाग्रत् करेगा।

हाँ, इस समस्या के हल की एक प्राचीन विधि भी है कि अपनी समस्या पर सो जाएँ। तभी तो यह प्राचीन कहावत है—नींद वकील (सलाह) की माँ है। यह सच है कि जब हम सारी चिंता छोड़कर सो जाते हैं, यानी जब हमारा शरीर सो जाता है, तब हमारी पाँचों ज्ञानेंद्रियाँ भी निष्क्रिय हो जाती हैं, सो जाती हैं, हमारे मस्तिष्क के पास बाहरी सूचनाओं के पहुँचने का सिलसिला टूट जाता है और फिर हमारा अवचेतन मन बिना किसी रोक-टोक के काम करने लगता है। यही कारण है कि बहुत सी समस्याएँ, जो शाम में अनसुलझी-सी लगती हैं, रातोरात अपने आप सुलझ गई लगती हैं। सुबह की किरणें हमारे मस्तिष्क के अंधकार (उलझनों) को दूर कर देती हैं। ऐसा जान पड़ता है कि वास्तव में वे समस्याएँ थीं ही नहीं। बस, हमारे मस्तिष्क में भेजी जानेवाली खामख्वाह की सूचनाओं ने उसके स्वाभाविक प्रवाह को रोक दिया था।

एक और अमूल्य तकनीक है। जब किसी समस्या या विचार या अवसर से सामना हो तो सभी संभावनाओं व बाधाओं (प्रोस्पेक्ट एंड कंस्ट्रेंट/प्रो एंड कॉन) की सूची बना डालें। इस सूची की बातें भले ही स्पष्ट सी

दिखें, आसान सी लगें, लेकिन इन्हें लिख डालने की तरकीब बहुत प्रभावी है। यह एक तराजू का काम करता है। जो पलड़ा भारी दिखे, उसी के पक्ष में आपका फैसला होना चाहिए। यह सूची हमारे निर्णय लेने की प्रक्रिया को बहुत ही आसान व सहज बना देती है। यदि पलड़ा बराबर हो तो मसले को अपने अवचेतन मन पर छोड़ दीजिए, आपकी सहज बुद्धि सही उत्तर खोज लेगी। दोनों पलड़े का बराबर रहना यह भी संकेत देता है कि हमारी योजना समस्याओं से मुकाबला कर सकती है। यानी हमारा उत्साह आशंकाओं पर भारी पड़ सकता है और हम विजय प्राप्त करने में सक्षम साबित हो सकते हैं। इसके उलट, यदि आपका उत्साह औसत से नीचे है तो उस योजना की सफलता भी औसत से नीचे ही रहेगी।

फैसले का आदर्श समय 'अभी' ही है

फैसले लेने के मामले में हमसे सबसे बड़ी और बहुत सामान्य दिखनेवाली गलती क्या होती है ? जी हाँ, हम आदर्श स्थिति, उचित समय की प्रतीक्षा करने लगे हैं। अवसर चूक जाता है। यह भी एक बहाना ही तो है। आदर्श समय आज व अभी ही शुरू होता है। हर क्षण हमारे लिए महत्त्वपूर्ण है; क्योंकि समय ही वह पूँजी है, जो वापस नहीं लौटती। जी हाँ, प्रकृति ने हमारी साँसों की गिनती पहले से तय की हुई है। पल-पल हमारे जीवन से घटता ही जाता है। यह निराशावादी कथन भी लग सकता है, लेकिन यही निर्विवाद सत्य है, हमारी मौत निश्चित है और हम हर क्षण मौत की तरफ कदम बढ़ा रहे हैं। तभी तो कबीर कहते हैं—

काल करे सो आज कर, आज करे सो अब।
पल में परलय होयगी, बहुरि करोगे कब।।

(जो कल करना हो, उसे आज करो; जिसे आज करना है, उसे अब करो। पल में प्रलय आ जाएगी तो फिर कब करोगे?)

दुनिया में जितने भी महान् लोग हुए हैं, चाहे वह कबीर की इस वाणी से रू-बरू न हों, लेकिन अपने जीवन में सफलता के इसी महामंत्र का जप करते हैं। वे किसी भी काम को कल के ऊपर टालते नहीं हैं। हर

सफलता चाहनेवाले व्यक्ति के लिए यह सबसे जरूरी पाठ है कि वह समय के महत्त्व को समझे, उसे अपने जीवन में आत्मसात् (एसिमिलेट) कर ले, अपनी दिनचर्या (डेली रुटीन) का स्थायी हिस्सा बना ले।

इस संदर्भ में 'महाभारत' के पात्र कर्ण से जुड़ी हुई एक छोटी सी प्रेरक घटना है। एक बार की बात है। कर्ण अपने दरबार में बैठे हुए थे। उसी समय उनके दरबार में एक याचक ब्राह्मण आया। याचक ने अपने हाथ फैलाकर कर्ण से दान माँगा। कर्ण उस समय किसी अन्य कार्य में व्यस्त थे। याचक की आवाज सुनते ही उन्होंने अपना बायाँ हाथ उठाया और उससे अपने गले का हार निकालकर याचक को दे दिया। कर्ण के इस कृत्य को एक दरबारी देख रहा था। उसने आपत्ति जताई कि बाएँ हाथ से दान नहीं दिया जाना चाहिए था। कर्ण ने उत्तर दिया था, "याचक ने जब मुझसे दान माँगा, उस समय मेरे आसपास मेरे गले के हार के अलावा कुछ भी नहीं था। उस समय मेरा दायाँ हाथ व्यस्त था। हो सकता था कि यदि मैं दाएँ हाथ को खाली करके दान देने की सोचता तो इतने समय में ही मेरा मन बदल जाता और मैं अपना हार उतारकर उस याचक को नहीं दे पाता। कौन जाने कि पल भर में क्या हो सकता है। इसलिए मैंने अपने बाएँ हाथ से ही अपने हार का दान कर दिया।"

जी हाँ, तभी तो कर्ण सबसे महादानी कहे गए। आप सोच सकते हैं कि जो व्यक्ति एक-एक पल को इतना महत्त्व देता है, उसके लिए जीवन में ऊँचाइयों को छू पाना कठिन नहीं रह जाता। आप भी आजमाकर देखें। करना केवल यह है कि जिस काम को आप अभी कर सकते हैं, उसे तत्काल कर दें, टालें नहीं। अपने दिन भर के समय की एक योजना बना लें कि क्या-क्या करना है। उन कामों की प्राथमिकता निश्चित कर लें और फिर उन्हें करने लगें। आप इस तरीके को कुछ ही दिनों तक आजमाकर देखें, आपको खुद ही महसूस होगा, आपने अब तक उचित समय की प्रतीक्षा में कितना अमूल्य समय नष्ट कर दिया था और इस तरीके से ज्यों-ज्यों काम की भीड़ छँटती जाएगी, आपकी मानसिक परेशानी भी दूर होती जाएगी।

आपके पास उन कार्यों के लिए ज्यादा समय बच सकेगा, जो सचमुच में कठिन हैं, जिसमें ज्यादा वक्त लगाना आवश्यक है। जब समय पर आपका नियंत्रण हो जाएगा और जैसे ही यह होगा, आपको अपने कार्यों को करने में, समस्याओं को सुलझाने में मजा आने लगेगा। कर्म आपकी पूजा बन जाएगा और आप कर्मवीर भक्त बन जाएँगे—अपनी आत्मा के, अपने आपके।

याद रखें, आपने जो क्रांतिकारी विचार सोचा है, आपके जो भी सपने हैं, उन पर काम शुरू कर देने का वक्त अभी ही है, क्योंकि चाहे आपने जो कुछ भी सोच रखा है, वैसा सिर्फ आप ही नहीं सोच सकते। आपको अपने विचार की विशिष्टता पर बहुत गुमान है? सिर्फ गूगल को ही देख लीजिए, आपको पता चल जाएगा। न जाने कितने लोग उसमें कितने समय से काम कर रहे हैं और इतने खोज-नतीजे तब आए हैं, जब गूगल भंडार में विश्व ज्ञान का थोड़ा ही हिस्सा अब तक जमा हो सका है। हाँ, आपका उस विचार को अमल में लाने का तरीका दूसरा हो सकता है, लेकिन कोई भी तरीका हमेशा के लिए कामयाब बचा नहीं रह सकता है। इसका स्वाभाविक कारण है। जो किसी विचार को अमल में लाते हैं, वे उसे एक ही तरह से नहीं, बल्कि हर संभव तरीके से आजमाते हैं। ऐसे में आपका विचार को अमल में लाने का तरीका कब दूसरे का हो जाएगा, कहना संभव नहीं है। यदि सच में आपका विचार व तरीका बिल्कुल ही नायाब है तो भी उस पर तेजी से काम करें; क्योंकि उसे करने का जो उत्साह अभी है, वह बाद में कमजोर भी साबित हो सकता है और क्रांतिकारी विचार हमेशा के लिए ठंडे बस्ते में चला जाएगा।

यही कारण है कि सभी सफल लोगों ने फैसले करने और उसे तत्काल अमल में लाने की क्षमता का विकास किया है। वे जिस काम को करने का मन बना लेते हैं, उसे पूरी ताकत व उत्साह के साथ अमल में लाते हैं। वैसे आज के डिजिटल युग में जब पलक झपकते ही सूचनाएँ इधर-उधर हो सकती हैं—में भी धीमी व निरंतर दौड़ जीतने का सिद्धांत सार्वभौमिक सत्य की तरह लागू होता है। बस, शर्त यह है कि यह सिद्धांत आपकी रणनीति

(स्ट्रेटेजी) का हिस्सा हो, न कि शिथिलता या कमजोरी के चलते आप इसे लागू कर रहे हों। हाँ, यह कहावत भी सच हो सकती है। जल्दबाजी अच्छी सलाह को बाधा पहुँचाती है; लेकिन जब आप अपने सहज ज्ञान से सटीक फैसला करेंगे तो वह जल्दबाजी में लिया गया फैसला नहीं होगा और फिर, पूरे जुनून के साथ आप उसे सहज रणनीति के साथ अमल में लाएँगे तो उसका सफल होना भी पहले से ही निश्चित हो जाएगा।

तभी तो यह भी कहा जाता है—'सुनो सबकी, करो अपनी'। यहाँ भी सावधानी जरूरी है। इस कथन की सनक में अपनी ज्ञानेंद्रियों पर ताला न लगा लें। जो सहज लगे, उसे स्वीकार कर अपना लें, क्योंकि ज्ञान कहीं से भी आए, जब हम उसे अपना लेते हैं तो वह भी हमारे सहज ज्ञान-भंडार का ही हिस्सा बन जाता है, अपना हो जाता है। इसीलिए कहते हैं—खुली आँखों से सपने देखो, लेकिन इसका जोड़ भी होना चाहिए। देखो वही, जो मन को भाए, यानी जब आप सहज होंगे तो आपकी आँखें भी वही देखेंगी, जो आपके सहज ज्ञान को स्वीकार होगा। इसी को तो कहते हैं तन व मन का एक होना और फिर, जब उसमें आप अपना धन अपनी सारी अर्जित सहज कलाएँ व जुनून लगाएँगे, तभी कोई विचार या योजना तन-मन-धन से लागू होगी, जिसका सफल होना भी पहले से तय हो जाएगा।

इसके आलावा भी कुछ सावधानियाँ जरूरी हैं—अपने फैसले पर अडिग रहना, बहुत जल्दी हाथ खड़े न कर देना, पुरानी गलतियों से सीखना आदि। हम फिर से यही कहेंगे, जब आप सहज ज्ञान से फैसले करेंगे, उसे सहजता से अमल में लाएँगे तो ये गलतियाँ नहीं होंगी और होंगी भी तो आप उन्हें समय रहते सुधार लेंगे।

सार संक्षेप

➢ आप क्या चाहते हैं? सीधा-सपाट सवाल पूछिए अपने अवचेतन मन से। एक हो या ज्यादा, लिख डालिए उसे। अपने मन को शांत होने दीजिए। सोने के लिए बिछावन पर जाने से पहले का समय

सबसे बेहतर माना जाता है इस काम के लिए। फिर सहज भाव से अपने प्रश्नों को दोहराइए और अपने अवचेतन मन की आवाज को ध्यान से सुनिए। जरूरी नहीं कि पहली कोशिश में ही जवाब मिल जाए; लेकिन दूसरी या तीसरी कोशिश में आपको अपने सवालों के सहज उत्तर मिल जाएँगे। चाहे मसले कितने भी गंभीर क्यों न लगते हों, हमारे अवचेतन मन की शक्ति असीम है और उसके लिए हर प्रश्न सहज ही है।

- विचारों व योजनाओं में संभावनाओं को खोजिए, भले ही बाकी दुनिया को उनमें असंभावनाएँ व कठिनाइयाँ ही क्यों न नजर आ रही हों। याद रखें, मुसीबतों में अवसर छुपे होते हैं। ढूँढ़ें उन अवसरों को। जब लगे कि हर बार आप कुछ करने के लिए तैयार होते हैं तो कोई-न-कोई कठिन परिस्थिति आ जाती है तो भरोसा रखिए कि आप कुछ नया सीख रहे हैं और आप जल्द ही सफलता की राह पर तेज गति से आगे बढ़ने जा रहे हैं।
- अपने सहज ज्ञान पर भरोसा करें। यही सफलता का महामंत्र है। अपने सहज ज्ञान-युक्त अवचेतन मन की आवाज को सुनने और उसकी सलाह या आदेश हासिल करने की सीधी सी तरकीब है कि आप हर रोज कम-से-कम दो बार, बाकायदा नियम से, उसके दरवाजे को खटखटाएँ। कुछ क्षण रुकें, सुस्ताएँ, अपने अंदर के एहसास को सुर में लाएँ और फिर से सवाल दोहराएँ। इसी को अवचेतन मन का दरवाजा कहते हैं। आपको मन की घंटियाँ बजती सुनाई पड़ेंगी। ध्यान से सुनें उन संगीतमय संकेतों (म्यूजिकल सिग्नल) को। आपको सहज सलाह-आदेश मिल जाएगा और फिर उन सलाहों व आदेशों पर अमल शुरू कर दीजिए। आगे की ओर बढ़ता आपका हर कदम आपके लिए सफलता का मील का पत्थर साबित होगा।

□

6

धनवान् होने का सर्वोत्तम तरीका

एक विचार ले लो। उस एक विचार को अपनी जिंदगी बनाओ, उसके बारे में सोचो, उसके सपने देखो, उस विचार को जिओ। मस्तिष्क, मांसपेशियों, नसों, अपने शरीर के हर हिस्से को उस विचार से भर जाने दो और बाकी हरेक विचार को अकेला छोड़ दो। यही सफलता का रास्ता है।

—स्वामी विवेकानंद

वेदांत दर्शन के महान् आध्यात्मिक गुरु

सफलता का लक्ष्य न करें, यदि आप इसे चाहते हैं। बस, वही करें, जिसे आप प्यार करते हैं तथा भरोसा करते हैं, यह स्वाभाविक रूप से आएगी।

—डेविड फ्रॉस्ट

अंग्रेजी पत्रकार, लेखक व हास्य अभिनेता

जिसे आप प्यार करते हैं, वही कीजिए और दीजिए उसे अपना सर्वोत्तम, चाहे वह व्यवसाय हो या बेसबॉल या रंगशाला या मैदान। आप जो कर रहे हैं, यदि उससे प्यार नहीं करते और उसे अपना सर्वोत्तम नहीं दे सकते हैं तो बाहर निकल जाइए उससे। जिंदगी बहुत-बहुत छोटी है। इसे जानने से पहले आप बूढ़े हो जाएँगे।

—अल लोपेज

पूर्व अमेरिकी खिलाड़ी व प्रबंधक, मेजर लीग बेसबॉल

क्या आपको भी लगता है कि आप जो बनना चाहते थे, वह बनने का अवसर ही नहीं मिला? अधिकतर लोगों से यही सुनने को मिलता है। कुछ लोग कहते हैं कि मैं तो अपना कारोबार स्थापित करना चाहता था; लेकिन मेरे पास न तो पूँजी थी, न ही प्रतिभा व कुशलता। दुनिया में सबसे ज्यादा लोग नौकरियाँ ही करते हैं और सबसे ज्यादा अपने काम से परेशान भी दिखते हैं। इस वर्ग के लोग अकसर कहते सुने जाते हैं, भई, मैं तो तंग आ गया हूँ इस नौकरी से। लेकिन करें क्या, बेरोजगारी इतनी है कि मैं नई नौकरी खोजने के लिए मौजूदा नौकरी को छोड़ने की बेवकूफी नहीं कर सकता। यदि दूसरी नौकरी नहीं मिली तो क्या करूँगा मैं? लेकिन ऐसे लोगों की संख्या भी काफी ज्यादा है, जो अपने पेशे से परेशान हैं। ऐसे लोग कहते सुने जा सकते हैं, 'मैं तो लेखक बनना चाहता था, लेकिन पिता ने अनुमति नहीं दी तो लोक सेवक बन गया। मैं तो डॉक्टर बनने की सोचा करता था, लेकिन उसके लिए बहुत पढ़ना पड़ता था, इसलिए मैं शिक्षक बन गया आदि।'

वही करें, जो सबसे प्यारा काम है

जी हाँ, दुनिया के करीब आधे नौकरी-पेशा लोग अपने मौजूदा काम से संतुष्ट नहीं हैं। अस्थायी कर्मचारियों का जुटान करनेवाली बहुराष्ट्रीय अमेरिकी कंपनी 'केल्ली सर्विसेज' ने वर्ष 2013 में 1.20 लाख कर्मचारी उत्तरदाताओं पर किए अपने विश्वव्यापी वार्षिक सर्वेक्षण में यह खुलासा किया था कि 47 फीसदी कर्मचारी अपनी मौजूदा नौकरी से खुश नहीं हैं। कमोबेश यही हाल हर क्षेत्र में देखने को मिलेगा, चाहे वह स्वरोजगार हो या फिर व्यवसाय या उद्यम, सभी जगह असंतुष्ट लोगों की भरमार है और यही कारण है कि इन क्षेत्रों में असफलताओं की संख्या काफी ज्यादा है। यह हकीकत है कि किसी भी क्षेत्र में शिखर पर पहुँचनेवाले काफी कम लोग होते हैं।

और सबसे दु:खद बात यह है कि ये असंतुष्ट लोग खुद को मजबूर बताते हैं, मानो इनके हाथ-पैर बाँध दिए गए हों, दिमाग पर किसी ने ताला

लगा दिया हो; और फिर तरह-तरह के तर्कों से (जो असल में बहाने ही हैं) खुद को सही साबित करने तथा सहानुभूति बटोरने की कोशिश करते हैं, मानो शक्तिशाली दुश्मनों द्वारा हरा दिए गए या घायल कर दिए गए योद्धा हों। अधिकांश मामलों में हकीकत इसके बिल्कुल उलट होती है। शब्द कुछ ज्यादा कठोर हैं, लेकिन लोग भगोड़े श्रेणी के ही होते हैं। खुद से हार गए, मैदान छोड़कर भाग गए डरपोक लोग।

जाहिर है कि हम असफल लोगों, खुद से ही हार गए लोगों की भीड़ से खुद को अलग रखना चाहते हैं और सफल व धनी बनने की राह पर आगे बढ़ने की कोशिश कर रहे हैं। तो क्या आपने कभी खुद से पूछा है कि आप जो काम कर रहे हैं या करने जा रहे हैं, उसे सचमुच करना चाहते हैं? कुछ समय बाद कोई और काम आकर्षक लगा तो क्या करेंगे आप। जो काम कर रहे हैं, उसी को करना चाहेंगे या फिर नए को आजमाकर देखेंगे? इस सवाल का सटीक जवाब ढूँढ़ना सबसे जरूरी है सफल व धनी हो पाने के लिए, वरना 'अंगूर खट्टे हैं', वाली कहानी एक बार फिर से आपके साथ भी दोहरा जाएगी।

अब भी वक्त है, पूछकर देखिए खुद से कि आप सचमुच क्या होना, क्या बनना चाहते हैं? आपके जीवन का सबसे खूबसूरत सपना क्या है? आप किस काम से सबसे ज्यादा प्यार करते हैं? आप किस काम के लिए बाकी सबकुछ को छोड़ देने के बावजूद खुश रह सकेंगे? कुछ समय के लिए नहीं, आजीवन। जी हाँ, किस चीज को हासिल करने के लिए सबकुछ दाँव पर लगा सकते हैं? सफल होना या धनवान् बनना भी एक सच्चे प्रेमी का जुनून ही है अपनी प्रियतमा के लिए—बिल्कुल लैला-मजनू, हीर-राँझा, शीरीं-फरहाद जैसे।

आप किसी भी सफल व्यक्ति को आजमाकर देख सकते हैं, सभी धुन के पक्के मिलेंगे। अपना काम ही सफल लोगों की जिंदगी होता है, सबसे पहली प्राथमिकता होता है। यदि किसी कारण से वे अपने काम को नहीं कर पाते हैं तो बेचैन हो जाते हैं। किसी और चीज में उनका जी

नहीं लगता। सरसरी तौर पर वे अकसर बेचैन भी दिख सकते हैं; लेकिन वे अपने जुनून को पूरा करने के लिए बेचैन होते हैं। उनकी बेचैनी आम लोगों जैसी नहीं होती है। वे वास्तव में अपने काम को पूरा करने के लिए नया तरीका ढूँढ़ने में व्यस्त होते हैं। वे अपने काम के दीवाने लोग हैं और उसमें किसी प्रकार का खलल बरदाश्त नहीं कर सकते। वे अपने काम में आनेवाली हर रुकावट को अपनी चुनौती मानते हैं। उन्हें उन चुनौतियों से जूझने और अंतत: हरा देने में आनंद अनुभव होता है।

तो, आप किस काम से सबसे ज्यादा प्यार करते हैं? कैसे ढूँढ़ें कि यही वह काम है, जिसे करने के लिए हम पैदा हुए हैं?

आप अपनी नौकरी से, अपने पेशे से, अपने धंधे से असंतुष्ट किसी भी व्यक्ति की दिनचर्या देख लीजिए। आप हैरान होंगे कि असंतुष्टों की जमात कितनी बड़ी है। वे बिल्कुल अलग-अलग क्षेत्रों में काम करते हैं। उनके खान-पान, रहन-सहन में भी भारी अंतर हो सकता है; लेकिन उन सबकी दिनचर्या करीब-करीब एक जैसी मिलेगी; उनका रवैया (दृष्टिकोण) भी लगभग मिलता-जुलता ही मिलेगा। कैसी होती है इन लोगों की दिनचर्या? चूँकि कम-से-कम आठ घंटे काम पर जाना जरूरी है, इसलिए वहाँ पहुँचते हैं; नौकरी बनाए रखने के लिए जरूरी कम-से-कम काम को अनमने ढंग से निपटाते हैं और दफ्तर से ऐसे खुश होकर भागते हैं, मानो आठ घंटे हवालात में थे। गप्पें हाँकते, इधर-उधर घूमते-फिरते, मनोरंजन करते घर पहुँचने पर खुद थककर चूर हो गए दिखाते हैं, बच्चों व पत्नी पर रोब झाड़ते हैं और उन्हें कर्तव्य-पालन का पाठ पढ़ाते हैं। बच्चों ने छोटी सी शरारत की हो या फिर पत्नी ने किसी घरेलू जरूरत की याद दिला दी हो तो आगबबूला हो जाना और फिर अपनी खीझ उतारने के लिए उनकी पिटाई तक कर देना इन असंतुष्ट लोगों की दिनचर्या का हिस्सा होता है। ये बच्चों से वे सभी अपेक्षाएँ करते हैं, जो उन्होंने अपने जीवन में नहीं किया होता है—और उन्हें बड़ा बनने का उपदेश सुनाते हैं।

जी हाँ, ये असंतुष्ट लोग अपने आराम या शौक में तनिक भी कमी

नहीं बरदाश्त करते, मनचाहा भोजन करते हैं, वेश-भूषा का भी पूरा खयाल रखते हैं, पूरे आठ घंटे या मजबूरी नहीं हो तो उससे भी ज्यादा सोते हैं और रविवार या छुट्टी के दिनों में बेहद खुश नजर आते हैं। लेकिन शाम होते-होते फिर से तनाव में आ जाते हैं कि कल फिर से ड्यूटी पर जाना होगा। यही सिलसिला चलता रहता है। निराशा को दूर करने के लिए इनमें से अधिकांश लोग तरह-तरह के नशे के शिकार होते हैं और अनैतिक कामों से भी बाज नहीं आते। लेकिन इन लोगों की एक खूबी होती है कि ये कोई बड़ा अपराध नहीं करते और उसकी भी असल वजह यह होती है कि वे कोई बड़ा जोखिम उठा ही नहीं सकते। ये घर के बाहर बेहद सज्जन भी नजर आने की भरपूर कोशिश करते हैं; लेकिन इनका तथाकथित स्वाभिमान सातवें आसमान पर होता है। कोई इन्हें टोककर तो देखे, ये तीखी प्रतिक्रिया जताते हैं और फिर शान से कहते हैं, 'मैं अपनी मरजी का मालिक हूँ।'

अपने काम से असंतुष्ट रहनेवालों की कुछ खूबियाँ और भी हैं। इन्हें अपने काम के अलावा हर चीज ज्यादा अच्छी लगती है। इनके पास अपने काम से ज्यादा दूसरे क्षेत्रों की ज्यादा जानकारियाँ होती हैं। ये पढ़ने-लिखने का शौक भी रखते हैं और किसी भी मसले पर विशेषज्ञ टिप्पणी करने से बाज नहीं आते। दूसरों की बातें काटने, मूर्ख बनाने और खुद को विद्वान् साबित करने में इन्हें खूब आनंद आता है। ये काफी तार्किक होते भी नजर आते हैं। आप कुछ भी कहकर देख लीजिए, इनके पास एक से बढ़कर एक तर्क (बहाने) होते हैं। हाँ, इनकी पोल तब खुलती है, जब असल में कुछ करने की बारी आती है। ये हर सामाजिक-धार्मिक मौके पर मुस्तैदी से खड़े भी नजर आएँगे, लेकिन किसी काम की जिम्मेदारी नहीं लेंगे। ये अपनी कामचोरी को बुद्धिमानी मानते हैं और अपनी इस क्षमता पर गर्व करते हैं। दूसरे के काम को अपना बताकर वाहवाही लूटने को ये लोग अपनी कार्य-कुशलता मानते हैं और दफ्तर की राजनीति में चमचे की भूमिका निभाकर खुश रहते हैं। दूसरों के कामों में कमी निकालना ये लोग अपनी विशेषज्ञता समझते हैं; जबकि इनके पास अपने काम की कोई विशेषज्ञता

नहीं होती। वे पदोन्नति नहीं होने पर भी चूँ-चपड़ नहीं करते, ऊपर-ऊपर पूर्ण संतुष्ट भी नजर आते हैं; लेकिन तरक्की पानेवालों से बहुत जलते हैं और उनकी टाँग-खिंचाई करवाने का कोई मौका नहीं छोड़ते।

यहाँ पर हमारा असल उद्‌देश्य असंतुष्ट लोगों की कमियाँ गिनाना नहीं, बल्कि सफल व धनवान् बनने की चाहत रखनेवालों को जीवन के प्रति ऐसे निष्क्रिय व भाग्यवादी दृष्टिकोण से सावधान करना है। दुर्भाग्य से यह ऐसा सोच है, जो असंतुष्टों को लगातार और ज्यादा असंतुष्ट बनाता चला जाता है और उन्हें ऐसे मानसिक दुश्चक्र (मेंटल ट्रैप) में फँसा देता है कि वहाँ से बाहर निकल पाना काफी मुश्किल हो जाता है। लिहाजा, इन प्रवृत्तियों को पनपने से पहले ही खत्म करना बेहद जरूरी होता है। जरा सोचकर देखिए कि ऐसा कौन सा पहाड़ टूट पड़ेगा कि जब आप अपनी मौजूदा अनचाही नौकरी छोड़ देंगे? उलटे आप आजाद हो जाएँगे इस जाल से और अपने मन के मुताबिक कुछ करने की कोशिश करेंगे। बीमारी तो बढ़ेगी ही न, जब तक कि हम उसका इलाज नहीं शुरू कर देते। बस, इसके लिए हिम्मत से अपने अंदर के स्व को जाग्रत् करने की जरूरत है, अपनी जिंदगी को सँवारने का जुनून पैदा करना है।

अपने मन का काम करने की दिशा में पहला कदम बढ़ाकर तो देखिए, आपको इतनी खुशी मिलेगी कि आगे का रास्ता आसान होता जाएगा और तब आप हर क्षण खुद को जीतता हुआ महसूस कर सकेंगे, जो आपके उत्साह को कई गुना बढ़ा देगा। फिर आपका काम बोझिल काम नहीं रह पाएगा। वह आपकी मोहब्बत बन जाएगा और आपका जीवन आनंदमय हो उठेगा। धन व सफलता सिर्फ खुद को खुश रखनेवालों के पास ही रहती है। मन के मंदिर में लक्ष्मी की प्रतिष्ठा (खुशी) के लिए आशा का दीया जलाना पड़ता है, फिर अंधकार (निराशा) अपने आप गायब हो जाता है।

उम्मीद जितना ही देती है जिंदगी

क्या आप जानते हैं कि अधिकांश लोगों को वह करने का मौका क्यों नहीं मिलता, जिसका वह जिंदगी भर महज अफसोस करते रहते हैं? आप

उनसे पूछकर देख लीजिए, लगभग सभी यही कहते मिलेंगे—'भई, वह तो मेरा सपना था, जिसका पूरा होना संभव ही नहीं था। हकीकत में जो मिलना था, वह मिला। अब यही ठीक है—जाहि विधि राखे राम ताहि विधि रहिए।' इतना ही नहीं, वे आपको भी सलाह देने से नहीं चूकेंगे, 'जमीन पर पाँव रखकर चलो भई।' यानी सपने मत देखो। जी हाँ, उन्हें ठीक वही कुछ मिला है, जो कि उन्होंने अपनी जिंदगी से उम्मीद की थी—ऊब, कुंठा, समस्याएँ, जरूरत से काफी कम आमदनी। उन्होंने कोई बड़ा सपना देखा ही नहीं, क्योंकि उन्हें उसके पूरे होने की कोई उम्मीद ही नहीं थी।

असल में ऐसे लोगों ने अपनी स्वाभाविक व्यक्तिगत चाहतों, झुकावों व महत्त्वाकांक्षाओं को जिंदगी की शुरुआत में ही मारना शुरू कर दिया था; क्योंकि उनके मन में यह धारणा अपने माता-पिता, परिवार व समाज द्वारा भरी गई थी कि सपने पूरे नहीं होते। यही कारण है कि उन्होंने अपनी चाहतों, झुकावों व महत्त्वाकांक्षाओं को पूरा करने के लिए कुछ किया ही नहीं और जब बड़े हुए तो उनकी बस, याद भर ही बाकी बची हुई है। जब पहले हिम्मत नहीं की तो अब कैसे कर पाएँगे? जैसा कि हम पीछे पढ़ चुके हैं कि अपनी चाहतों के लिए तो वैसी मनोस्थिति बनानी पड़ती है, अपनी परिस्थितियों को चुनौती देनी पड़ती है और फिर जुनून के साथ उसे हकीकत में बदलने की लगातार कोशिश करनी पड़ती है।

तो क्या अब भी संभव है अपने सपनों को जगा पाना? जी हाँ, आपने भी यह कहावत सुनी होगी, 'जब जागो, तभी सवेरा।' तो मान लीजिए कि अब तक आप भी नींद में थे और अब आँख खुली हैं। सावधान, यह सोचकर मत बैठ जाइएगा कि अब तो बहुत देर हो चुकी, इतना बड़ा पहाड़ कौन चढ़ेगा! याद रखें, आपका हर कदम आपकी मंजिल की दूरी को कम करेगा और मंजिल लगातार नजदीक आती जाएगी। यह मत सोचें कि शिखर पर चढ़ सकेंगे या नहीं। बस, यह सोचें—मुझे यह काम सबसे ज्यादा पसंद है। मुझे इसे करने में खुशी मिलती है और अब तो मैं यही करूँगा, बाकी जिंदगी कुढ़-कुढ़कर नहीं बिताऊँगा।

यही तो है सफल व समृद्ध बनने की दिशा में सबसे पहला साहसिक कदम। अब आप वह कर रहे हैं, जो असल में करना चाहते थे। यह प्रकृति का नियम है कि आप उसी काम में सफल हो सकते हैं, जिसे करने में आपको सचमुच खुशी मिलती है। तो फिर दुःखी होनेवाला काम करें ही क्यों? और जब आप खुश होकर काम करेंगे तो आश्चर्यजनक नतीजे मिलेंगे। आप हैरान होंगे कि पहले के मुकाबले काफी ज्यादा काम कर पा रहे हैं। उसमें आपकी ऊर्जा की खपत भी कम हो रही है और ऊपर से समय की भी बचत हो रही है। अब आपके पास वह सब सीख पाने का भी पूरा वक्त मिलेगा, जिससे अपने काम को और तेज करने में मदद मिल सकती है। जाहिर है कि खुशी-खुशी काम करने के चलते आपकी कार्यक्षमता में भी जादुई बढ़त होगी। पहली मंजिल दूसरी तक पहुँचने का रास्ता बताएगी और दूसरी तीसरी का और आप जिंदगी से ज्यादा की उम्मीद करने लग पड़ेंगे। जब ऐसा होगा तो आप उम्मीदों के मुताबिक पाते चले जाएँगे। यही तो जीवन का नियम है।

जुनून जगाएँ, पीछा करेंगी सफलताएँ

अब तक हमने कई मौके पर सरसरी तौर पर जुनून की चर्चा की है, लेकिन अब इसकी तह में चलते हैं और देखते हैं कि सफल बनने में यह किस हद तक अपनी भूमिका अदा करता है। आखिर जुनून (पैशन) है क्या? यह हमारे मन की गहन भावनात्मक उत्तेजना की स्थिति है। यह कब पैदा होती है? जब हम किसी वस्तु, व्यक्ति, आदर्श (विचार व कार्य) या धारणा (मान्यता, विश्वास या मत) के बारे में गहरी अनुभूति करते हैं। इतिहास जुनूनी व्यक्तियों के आश्चर्यजनक कारनामों के उदाहरणों से भरा पड़ा है। चाहे कोई प्रेम की कहानी हो या फिर इतिहास की प्रमुख सामाजिक, आर्थिक, दार्शनिक या कलात्मक बदलावों की घटनाएँ, सभी के नायक जुनूनी व्यक्ति विशेष ही रहे हैं।

तो क्या जुनून की ताकत सिर्फ व्यक्ति विशेषों में ही होती है? जी नहीं। गौर से झाँकिए अपने अंदर, आपको पता चलेगा कि आपके अंदर

भी जुनून है। क्या आपने अपने जुनून को पहचानने की कोशिश की है? दुर्भाग्य की बात है कि अधिकतर लोगों को पता ही नहीं है कि उनका जुनून क्या है और यदि पता भी है तो वे उसका उपयोग ही नहीं करते। वे वैसा काम ही नहीं करते, जिसके लिए उनका जुनून जगे। अधिकांश लोग उससे घबराते हैं और अपने जुनून को बचपन से दबाते चले आ रहे होते हैं। यह भी ठीक उसी तरह है, जिस तरह अधिकांश लोग अपने सपने को दबा देते हैं—जीवन के बारे में नाउम्मीदी की धारणा पालकर। जुनून तो तब जगता है, जब आप अपने असल सपनों के पीछे भागें, अपनी चाहत के मुताबिक कदम बढ़ाएँ, अपनी महत्त्वाकांक्षाओं को हवा दें।

लेकिन हमारे दिमाग में तो बचपन से यही व्यावहारिक ज्ञान भरा जाता रहा है कि महत्त्वाकांक्षा आदमी को आदमी नहीं रहने देती है, उसे जुनूनी बना देती है; और जुनूनी होने का मतलब पागलपन की हद तक स्वार्थी हो जाना बताया जाता है। यानी जुनूनी व्यक्ति अपने लक्ष्य (काम) के प्रति इतना दीवाना हो जाता है कि वह बाकी सारी पारिवारिक-सामाजिक जिम्मेदारियों को भुला देता है। उसके पास किसी और के लिए कोई समय नहीं बचता। वह निहायत स्वार्थी बन जाता है और सिर्फ अपने बारे में ही सोचता रहता है।

इसका उदाहरण आपको अधिकांश परिवारों में मिल जाएगा। जो व्यक्ति सामाजिकता व संबंध निभाने के चक्कर में अपना समय गँवाता रहा, उसे तो पता ही नहीं चला कि वह कैसे जिंदगी की दौड़ में पिछड़ गया। एक ही माता-पिता के चार बच्चों में कुछ काफी आगे निकल जाते हैं और कुछ पीछे रह जाते हैं। क्यों? तह में जाएँगे तो पता चलेगा कि जो सफल हुआ, वह बचपन से अपनी धुन का पक्का था, जुनूनी था और हमेशा अपने काम में जुटा रहता था। उसके पास न तो रिश्तेदारी निभाने का वक्त था और न ही सामाजिक गतिविधियों में हिस्सा लेने का। दिलचस्प तथ्य यह है कि परिवार के लोग भी अपने जुनूनी बच्चों को इन समय-खपाऊ कामों से दूर रखते हैं। चूँकि ये जुनूनी बच्चे पढ़ने-लिखने में अव्वल होते हैं और

अपनी सफलताओं से परिवार की प्रतिष्ठा व बेहतर आर्थिक भविष्य की उम्मीद बन जाते हैं, इसलिए उन पर ही परिवार सबसे ज्यादा संसाधन भी निवेश करता है, उनकी सुख-सुविधाओं का खयाल रखता है।

लेकिन जब जुनूनी छात्र बड़ा होकर सफल हो जाता है और परिवार के बाकी लोग पीछे छूट जाते हैं, तब असल समस्या खड़ी होती है। सफलता व्यक्ति विशेष को और ज्यादा सफलता के लिए प्रेरित करती है, उसके जुनून को भड़काती है और वह लगातार ज्यादा व्यस्त होता चला जाता है। ऐसे में वह अपनी पत्नी व बच्चों के लिए मुश्किल से समय निकाल पाता है और पीछे छूट गए सगे-संबंधी उसकी प्राथमिकता की सूची में नीचे चले जाते हैं। जाहिर है, उस सफल व्यक्ति को अपने ही लोग स्वार्थी व पागल समझने लग जाते हैं।

जी हाँ, सफलता का यही नियम है। सफलता यों ही नहीं मिलती। जब तक व्यक्ति विशेष अपनी चाहत को पाने के लिए पागल नहीं हो जाता, तब तक सफलता उससे दूर ही रहती है। सफल होने के लिए व्यक्ति को अपना सबकुछ दाँव पर लगाना होता है। सबकुछ पीछे छूट जाता है, तब चाहत प्रकट होती है। फिर वह अपनी चाहत का, चाहत उसकी बन जाती है। तभी तो कहा जाता है—शिखर पर आदमी अकेला होता है; लेकिन शिखर पर पहुँचनेवाला व्यक्ति सिर्फ अपने लिए ही काम नहीं करता। उसके जुनून के क्रांतिकारी नतीजे मिलते हैं, जिनसे हजारों, लाखों, करोड़ों की जिंदगी बेहतर होती है।

आखिर सभी अपने जुनून को जगा क्यों नहीं पाते? इसलिए कि वे खुद की बजाय बाकी सभी—माता-पिता, परिवार, सगे-संबंधी का बनने की कोशिश करते हैं। अंतिम नतीजा क्या निकलता है? वे किसी के भी नहीं हो पाते और अपना भी नहीं। साफ है कि अधिकांश लोग दूसरों की सफलता के रास्ते को अपनाने के चक्कर में अपने असली जुनून को हवा नहीं दे पाते। हर व्यक्ति के जुनून का विषय अपना होता है। जब तक उस पर काम नहीं होगा, उस व्यक्ति की विशेषज्ञता कायम नहीं हो सकती। यही

तो जुनून की ताकत है। वह व्यक्ति विशेष की तमाम संभावनाओं को बाहर निकालता है, जो सामूहिक रूप में उस व्यक्ति के विशेष गुण या विशेषज्ञता कहलाती है। तो जुनून की असल ताकत क्रिया (एक्शन) में छुपी होती है। जब क्रिया नहीं होती है तो जुनून सो जाता है। यदि आप भी अपने जुनून को सोया हुआ महसूस करते हैं तो उसे भड़काने के लिए वही काम करना पड़ेगा, जिसे आप सबसे ज्यादा चाहते हैं; और जब आप धनी बनने की ठान चुके हैं तो आपको वही काम करना होगा, जिसे आप जुनून के साथ कर सकते हैं; क्योंकि उसी से विशेषज्ञता हासिल होगी और वही आपको भीड़ से अलग कर सफलता की राह पर आगे बढ़ाएगा।

मौलिक विचार और साहसी व्यक्तित्व जरूरी

सफल व धनवान् होने के लिए सिर्फ औपचारिक शिक्षा ही काफी नहीं है, कुछ और की भी जरूरत पड़ती है। इसके लिए विचारों में मौलिकता और साहसी व्यक्तित्व जरूरी है। विद्यालय या विश्वविद्यालय में यह सब हासिल कर पाने का मौका बहुत कम मिल पाता है; बल्कि कई बार तो इन गुणों को हतोत्साहित करने की भी कोशिश की जाती है। अधिकांश शिक्षण संस्थानों की पाठ्यक्रम संरचना ऐसी है, जो विशेष विचार-प्रक्रियाओं को बढ़ावा देने के बजाय सभी छात्रों को एक स्तर पर रखने की कोशिशें करते हैं। अपने ढाँचागत दोष के चलते पाठ्यक्रम रचनात्मकता को दबाते हैं, जो कि नई संभावनाएँ खोजने व समस्याओं के मौलिक हल निकालने के लिए सबसे जरूरी बात है।

विडंबना यह है कि अनजाने में ही सही, विद्यालयों के साथ-साथ परिवार व समाज भी अकसर व्यक्तिगत आकांक्षाओं को कली की अवस्था में कुचल डालने का काम करते हैं। चूँकि यह सब हमारे बचपन से शुरू हो जाता है, इसलिए जब हम पढ़-लिखकर बड़े होते हैं तो कुछ खास करने का विचार ही मन में नहीं आता है। कभी-कभार आता भी है तो उसे करने की हिम्मत नहीं जुटती। यह सब बचपन के अवचेतन मन में स्थापित किए गए गलत प्रक्रिया सामग्री कार्यक्रम (सॉफ्टवेयर प्रोग्राम) का नतीजा

है। यह हमें नए अवसरों के पीछे भागने में हमारी मदद नहीं करता, उलटे पाँव खींचता रहता है। यह हमारी आकांक्षाओं, सपनों व विचारों के दायरे को बढ़ने से रोकता है।

दूसरी समस्या यह है कि हमारे आसपास का माहौल भी, खासतौर पर जब हम युवावस्था में होते हैं, ज्यादा उत्साहवर्धक नहीं होता। चूँकि समाज का बहुत बड़ा हिस्सा औसत दर्जे की सोच व धारणा से पीड़ित है, इसलिए हमारे ज्यादातर साथी-दोस्त भी वैसे ही होते हैं और हम उन्हीं के जैसा हो जाने को व्यावहारिक मान बैठते हैं। जी हाँ, अधिकांश लोग भाग्यवादी धारणाओं के चलते उसी को स्वीकार कर लेते हैं, जो बिना कुछ ज्यादा मेहनत किए आसानी से मिल जाता है—और बिना कुछ किए तो वही सब मिलता है, जो आम होता है। खास पाने के लिए कोशिशें भी उसी हिसाब से करनी पड़ती हैं; हमें अपने दायरे से बाहर निकलने का साहस जुटाना पड़ता है और अपने सपने के पीछे जी-जान से भागना पड़ता है।

सफलता व धन किसी को थाली में परोसकर नहीं मिलते। इन्हें जान पर खेलकर हासिल करना पड़ता है। जी हाँ, खुद के अतीत को मिटाना, वर्तमान में डटकर खड़ा होना और भविष्य की तरफ सधे कदम बढ़ाने को ही तो कहते हैं जान पर खेलना। अपने दकियानूसी, औसत दर्जे के सोच का दाह-संस्कार कर देना ही तो है हमारा पुनर्जन्म, वर्तमान में दुबारा जन्म—एक मौलिक विचारोंवाले साहसी व्यक्ति के रूप में और वही पुनर्जीवित हो उठा व्यक्ति—अपनी चाहतों, झुकावों व महत्त्वाकांक्षाओं के साथ उठ खड़ा व्यक्तित्व मौलिक विचारों का सृजन करनेवाला है और बहादुरी के साथ (जिसे औसत दर्जे के लोग दुःसाहस करना भी कहते हैं) सफलता व धनवान् बनने के रास्ते पर कदम-दर-कदम (सहज ज्ञान से प्राप्त सलाहों-निर्देशों-आदेशों के मुताबिक सहज व अनुशासित) आगे बढ़ता चला जाता है।

तो अब दोहराइए सफलता का महामंत्र—कोई कहे स्वार्थी, पागल या महत्त्वाकांक्षी, अब हम किसी और की परवाह नहीं करेंगे, केवल और

केवल अपनी सुनेंगे, अपनी आत्मा की आवाज ही सुनेंगे। हम यही करने के लिए तो पैदा हुए हैं। इसी कर्म से हमारा जीवन सार्थक होगा। याद रखें, हमारी सफलता हमारे स्व की सफलता है, हमारी आत्मा की सफलता है; और आत्मा तो सर्वव्यापी है, लौकिक जगत् यानी ब्रह्मांड के हर प्राणी में है। यानी हम स्वार्थी नहीं हैं। हम अपनी आत्मा की पुकार सुननेवाले आत्म-भक्त (सेल्फ डेवोटी) हैं। हम अपने साथ-साथ समूचे ब्रह्मांड के लिए कर्म कर रहे हैं और हमारा कर्म फल सर्वजन हिताय, सर्वजन सुखाय (सभी लोगों के हित में, सभी लोगों के सुख के लिए) तथा सर्वकल्याणकारी (सभी का कल्याण करनेवाला) है।

और जब हम इस भाव से कर्मरत होंगे, अपने काम को करने के लिए स्वाभाविक जुनून (नेचुरल पैशन) के साथ आगे बढ़ेंगे तो सफलता व धन पीछे-पीछे भागेंगे। हम उसके लिए नहीं रुकेंगे, अपना काम करते चले जाएँगे। फिर हमारा विचार यानी काम, हमारी कार्य-कुशलता यानी काम करने की क्षमता तथा हमारी कार्यशैली अपने आप दूसरों से अलग हो जाएगी, यानी मौलिक हो जाएगी। यही मौलिकताएँ हमें विशिष्ट व्यक्तित्व (डिस्टिंक्टिव पर्सनैलिटी) में बदलेंगी और हम अपने, अपने समाज, देश व दुनिया के लिए विशिष्ट कार्यों को पूरा कर सकेंगे। ऐसा करते हुए हमारा स्वाभाविक उत्साह लगातार बढ़ता जाएगा और हमारे जुनून को हवा देते हुए भड़काता चला जाएगा। हम पागल-दीवाना भक्त हो जाएँगे। हमारा कर्म ही भक्ति बन जाएगा। हमारे मन-मंदिर में सफलता व ऐश्वर्य की देवी लक्ष्मी अपनी संपूर्ण कलाओं, यानी श्री स्वरूप में विराजमान हो सकेंगी। समूचा वातावरण उनकी दिव्य प्रभा से नहा उठेगा और सभी दिशाओं से शुभ व सौभाग्य की घंटियों से मंगल ध्वनियाँ गूँज उठेंगी।

अपनी इच्छा को दृढ़ संकल्प बनाएँ

जैसा कि हम पहले भी चर्चा कर चुके हैं कि सिर्फ इच्छा (डिजायर) से बात नहीं बनेगी। इच्छाओं की कोई सीमा नहीं है, उनका कोई अंत नहीं है, उसका कोई ओर-छोर नहीं है। वे स्वभावतः अनंत होती हैं। क्या है यह

इच्छा ? यह हमारी लालसा की भावना (सेंस ऑफ लोंगिंग) है, जो किसी व्यक्ति, वस्तु या परिणाम (नतीजे) की उम्मीद करने से पैदा होती है। इसी तरह की भावनाएँ हमारी तृष्णा या उत्कंठा के रूप में व्यक्त होती हैं। जब हम किसी व्यक्ति, वस्तु या परिणाम की इच्छा करते हैं, तब हमारी लालसा की भावना उस वस्तु, व्यक्ति या परिणाम के भोग से उत्साहित होती है और हम अपने लक्ष्य को प्राप्त करने के लिए कार्य करने को उत्सुक होते हैं।

लेकिन दृढ़ संकल्प के अभाव में हर इच्छा हमारे कार्य में नहीं बदल पाती है। पूर्व विश्व-विजेता कार-रेस चालक इतालवी अमेरिकी मारियो गैब्रिएल आंद्रेत्ति ने इच्छा व संकल्प के अंतर के बारे में कहा है, *''इच्छा उत्साहवर्धन या प्रेरणा की कुंजी है; लेकिन अपने लक्ष्य को बिना थके पीछा करने का दृढ़ संकल्प व प्रतिबद्धता, उत्कृष्टता या श्रेष्ठता की प्रतिबद्धता ही यह है, जो आपको आपकी चाहत की सफलता हासिल करने में सक्षम बनाएगी।''*

संभवत: आपने भी सुना हो, अधिकतर लोग यह कहते सुने जा सकते हैं, 'मेरे पास ऐसा कोई जबरदस्त विचार नहीं है, जो मैं सचमुच करना चाहता हूँ।' जी हाँ, यह बहुत ही सामान्य शिकायत है, जिससे काफी लोग ऊहापोह की स्थिति में रहते हैं। असल में, भ्रम के शिकार लोगों को पता ही नहीं होता कि उन्हें क्या करना चाहिए, उनके लिए कौन सा काम उचित है; लेकिन सच्चाई यह है कि ऐसे लोग कभी शांत भाव से बैठकर अपने अवचेतन मन से यह सीधा सा सवाल ही नहीं करते कि उनका स्व क्या कहता है, उनकी मौलिक आकांक्षा क्या है। ऐसा करने से उनका भ्रम तत्काल दूर हो सकता है। उन्हें ऐसे कई विचार-आदेश मिलेंगे, जिन्हें वे न केवल सहजता से कर सकेंगे, बल्कि उनमें स्वाभाविक खुशी भी मिल सकेगी।

जब लोग कहते हैं कि उन्हें यह पता नहीं कि वे अपनी जिंदगी में क्या करना चाहते हैं तो क्या तथ्य सामने आता है ? बहुत साफ है कि वे खुद की सुनने की बजाय वर्षों से दूसरों की नकल करते चले आ रहे हैं और उन कामों में उन्हें असफलता व असंतुष्टि ही मिलती रही है। ऐसा होना तो

तय ही है, जब आप अपने अंदर की स्वाभाविक इच्छा (नेचुरल डिजायर) को नहीं जान पाते। लेकिन असल समस्या यह है कि जब वे ऐसा चाहेंगे, जब अपने अवचेतन मन से सवाल करेंगे, तभी तो जवाब मिलेगा कि उन्हें क्या करना चाहिए। विडंबना यह है कि इन अबोध लोगों में यह भाव नहीं जाग पाता कि वे खुद से यह सवाल करें। क्यों? फिर वही जवाब है कि उनके अवचेतन मन पर पूर्व धारणाओं की धूल जमी हुई है कि सपने पूरे नहीं होते, सारी इच्छाएँ पूरी नहीं हो सकतीं और यह सब वे अपने आसपास के निराशाजनक माहौल में पलते-बढ़ते हुए अनजाने में ही अपने अवचेतन मन में डालते चले आ रहे हैं।

अब यह भी साफ है कि कोई भी, जो यह नहीं जानता कि उसे जिंदगी में करना क्या है, वह दुनिया में किस विशेष कार्य के लिए पैदा हुआ है, वह किस काम को स्वाभाविक रूप से कर सकता है या उसे करने के लिए आसानी से सारी जरूरी कुशलताएँ हासिल करता है, तो वह अपने लिए कोई स्पष्ट लक्ष्य (क्लियर कट गोल) भी नहीं बना सकता है और फिर उसमें सफल हो पाने का तो सवाल ही नहीं उठता। इसके उलट भी दूसरा सार्वभौमिक तथ्य है, जब हम पक्के तौर पर जानते हैं कि हम अपने जीवन में क्या करना चाहते हैं, यानी जब हमें अपनी इच्छा पूरी तरह से साफ नजर आती है, तब भी उसे सचमुच में पूरा कर पाने के लिए कुछ शर्तें सामने आ जाती हैं। क्या हैं वे शर्तें, जो इच्छाओं के पूरा होने के लिए अत्यंत जरूरी होती हैं?

यदि आप अपने जीवन की घटनाओं की बारीकी से जाँच-पड़ताल करें तो आपको खुशी के साथ आश्चर्य भी होगा कि वे इच्छाएँ तो तत्काल पूरी हो गई थीं, जो बिल्कुल सटीक थीं, जिसके लिए हमारे मन में किसी प्रकार की कोई दुविधा या हिचक पैदा नहीं हुई थी। क्या आपको याद आता है कि तत्काल पूरी हो गई इच्छाओं को पूरा करने के लिए आपने कितनी कोशिशें की थीं? बहुत कम बातें याद आ सकेंगी, क्योंकि वे इच्छाएँ स्वाभाविक थीं और उनके लिए आपने जितनी कोशिशें की थीं, वे भी स्वाभाविक ही

थीं। यानी स्वाभाविक इच्छाओं की पूर्ति के लिए कोई कितनी भी कोशिशें क्यों न करे, उसे पता ही नहीं चल पाता है कि उसने कोई विशेष श्रम भी किया है। स्पष्ट है कि स्वाभाविक कोशिशों के लिए किए गए शारीरिक या मानसिक श्रम में हमें अपनी ऊर्जा-ह्रास (एनर्जी लॉस) का भी पता नहीं चला और हमने थकान नहीं महसूस की।

लेकिन थकान तो जरूर हुई होगी, शरीर ने भी श्रम किया होगा और मस्तिष्क ने भी; फिर भी, न तो उसे शरीर ने महसूस किया और न ही मस्तिष्क ने। क्यों? क्योंकि स्वाभाविक कार्यों को करने में अवचेतन मन के हमारे शरीर व मस्तिष्क ने तादात्म्य स्थापित कर लिया। इसे अवचेतन श्रम (अनरियलाइज्ड लेबर) कहते हैं, यानी वैसा श्रम, जो हुआ तो, लेकिन पता नहीं चला। सवाल यह भी है कि चाहे यह श्रम अनायास ही हुआ, लेकिन उसे किया तो हमारे शरीर व मस्तिष्क ने ही। फिर ऊर्जा-ह्रास भी तो हुआ ही होगा। बिल्कुल हुआ, लेकिन उस स्वाभाविक श्रम से हुए ऊर्जा-ह्रास को संतुलित (बैलेंस) करने के लिए हमारे अवचेतन मन ने एक नई ऊर्जा का सृजन किया—खुशी की ऊर्जा। यही कारण है कि स्वाभाविक इच्छा, स्वाभाविक श्रम के ऊर्जा ह्रास की स्वाभाविक खुशी से क्षति-पूर्ति या मुआवजा प्राप्त करते हुए स्वाभाविक रूप से पूरी हो गई और हमें दिया स्वाभाविक उपलब्धि व स्वाभाविक सफलता का उपहार, साथ में सफलता हासिल कर पाने के स्वाभाविक आनंद का अतिरिक्त उपहार (एक्स्ट्रा गिफ्ट) अलग से।

तो साफ है कि पूरी तरह से सरल इच्छा, जिसमें किसी तरह की झिझक, अस्पष्टता व विरोधाभास न हो, को पूरा कर पाना आसान होता है। यह भी एक सार्वभौमिक सत्य सिद्धांत है; लेकिन इस तरह की इच्छाएँ बहुत कम ही पैदा हो पाती हैं। इसका मतलब यह भी नहीं है कि किसी खास किस्म के लोग ही पूरी तरह से सरल इच्छा पैदा कर सकते हैं। इसे कोई भी कर सकता था, लेकिन ऐसा करने के बाद उसे भी खास ही माना जाएगा, क्योंकि सही मायने में अपने अवचेतन मन के अंदर झाँकने तथा उसकी

आवाज सुन सकने की सहजता पैदा करने की कोशिश करनेवाले लोग कम ही होते हैं। अधिकांश लोग इस गहराई में उतरने से ही डरते हैं, क्योंकि उनके अवचेतन मन में असफलता, असंभव जैसी मनोग्रंथियाँ (कॉम्प्लेक्स) की जड़ें मजबूत हो चुकी होती हैं। लिहाजा, वे दूसरों की देखा-देखी अस्वाभाविक इच्छाओं को पालने की अस्वाभाविक कोशिशें करते हैं, जिनके चलते उन्हें बार-बार नकारात्मक नतीजों यानी असफलताओं का सामना करना पड़ता है, जिनसे उनकी मनोग्रंथियाँ मानसिक नासूर (मेंटल कैंसर) में बदलती चली जाती हैं और फिर ऐसे मानसिक बीमारों का इलाज असंभव-सा हो जाता है।

लेकिन निराश होने की जरूरत नहीं है। यदि आपने सफल व समृद्ध होने की ठान ली है तो यह बात भी निश्चित हो जाती है कि आपने अपनी मनोग्रंथियों को जड़ सहित उखाड़ फेंकने का मन बना लिया है। पिछले अध्यायों को एक बार फिर से पढ़ें और स्व-चित्रण स्पष्ट करें। ऐसा होते ही आपको अपनी स्वाभाविक इच्छा के बारे में साफ पता चल पाएगा और फिर लक्ष्य-निर्धारण (गोल सेटिंग) की प्रक्रिया भी आसान हो जाएगी। ध्यान रहे, अपने अवचेतन मन पर पड़ी धूल पर झाड़ू लगाना और फिर मनोग्रंथियों को जड़ समेत उखाड़ फेंकना थोड़ी जटिल प्रक्रिया है। यह अचानक नहीं होगा। इसमें कुछ वक्त लग सकता है। लेकिन धैर्य से इस प्रक्रिया को जारी रखेंगे। तो जल्द ही आपको सकारात्मक नतीजे मिलने शुरू हो जाएँगे। धीरे-धीरे आपका आत्मविश्वास बढ़ने लगेगा और कुछ समय बाद आप खुद ही मानने लगेंगे कि आप गंभीर मानसिक संकट से बाहर निकल आए हैं। अब आप बहुत स्पष्ट अपने अवचेतन मन की आवाज को सुन सकेंगे, उसकी सलाह समझ आने लगेगी और आप उसके आदेश पर फैसले लेने लगेंगे और सफलता के मार्ग पर आपकी स्वाभाविक यात्रा शुरू हो जाएगी। फिर आपको पता चलना शुरू हो जाएगा कि आप अपने जीवन से क्या चाहते हैं।

आप सफल व्यक्तियों से मिलकर देख लीजिए। कहीं दूर जाने की

जरूरत नहीं है, अपने आसपास भी सफल व्यक्ति को ढूँढ़ सकते हैं। आप पाएँगे कि सभी सफल व्यक्तियों में अपने लक्ष्य व उसके अभिप्राय (इंटेंशन) यानी इरादों के प्रति किसी भी प्रकार का कोई भ्रम नहीं है। वे जानते हैं कि वे क्या कर रहे हैं और क्यों कर रहे हैं। उन्हें साफ-साफ पता होता है कि वे जो कुछ भी कर रहे हैं, वह बिल्कुल स्वाभाविक है, क्योंकि उन्होंने अपने अवचेतन मन की सलाह व आदेश के मुताबिक फैसले किए हैं। जब आप सफल लोगों की पिछली जिंदगी की तह में जाएँगे तो आपको यह भी पता चल सकेगा कि वे आज जो भी कर रहे हैं, उनकी जड़ें काफी गहरी हैं। वे किसी काम को हठात् ही करते लग सकते हैं, लेकिन उनके हरेक नए काम का पिछले कामों से गहरा रिश्ता होता है। यानी सफल व्यक्तियों की मौजूदा आश्चर्यजनक सफलता पिछली छोटी-छोटी सफलताओं की लंबी कड़ी है। ऐसे बेहद सफल लोग अपने पेशेवर जीवन के शुरुआती दिनों से ही अपने जीवन लक्ष्य एवं अपनी नीयत के बारे में स्पष्ट थे और उस पर बिना थके, बिना रुके लगातार काम करते चले आ रहे थे; और जब आप उन सफल व्यक्तियों के जीवन में गहरे उतरेंगे तो पता चलेगा कि उन्होंने अपनी करिश्माई सफलता के लिए केवल अपने अंतर्ज्ञान (इंटयूशन) का ही सहारा लिया था।

तो जब आप किसी काम को सहज ज्ञान के निर्देशन में करते हैं तो आपकी इच्छा व इरादा बिल्कुल साफ होता है और वह दृढ़ संकल्प में बदल जाता है। फिर आप जुनून के साथ काम कर पाते हैं, जिसका फल स्वाभाविक सफलता के रूप में सामने आता चला जाता है और सफलताओं की कड़ियाँ बनने का सिलसिला शुरू हो जाता है।

सार-संक्षेप

- **जिंदगी जैसी भी है, उसके बारे में सोचें और फिर चित्रण करें कि आप अपनी जिंदगी को कैसा देखना चाहते हैं**—यदि आप वह नहीं कर पा रहे, जो सचमुच पसंद करते हैं तो जितना कुछ भी

सोच सकते हैं, उसके पीछे कारणों की छानबीन करें और उनकी एक सूची बना लें। अब हरेक बिंदु पर बारी-बारी से गहराई से सोचें व परखें कि क्या वह बाधा सचमुच में उचित है ? हेनरी फोर्ड की बात याद रखें, ''चाहे आप यह सोचते हैं कि आप कर सकते हैं या आप सोचते हैं कि नहीं कर सकते हैं, आप ठीक हैं।''

- **आपके पास पर्याप्त धन व समय हो तो आप क्या करना पसंद करेंगे ?** यदि आप वही करना पसंद करेंगे, जो अभी कर रहे हैं तो समझ लीजिए कि आप बिल्कुल सही रास्ते पर हैं; क्योंकि आप सचमुच में अपने काम के प्रति भावुक है, जुनूनी हैं। इसके उलट यदि आप वह काम कर रहे हैं, जिसे सचमुच में आप नहीं करना चाहते हैं तो तत्काल उसका विकल्प ढूँढ़ना शुरू कर दीजिए। शांत भाव से अपने अवचेतन मन से पूछिए। वहाँ से आपको स्वाभाविक जवाब मिलेगा और आपको लगेगा कि वही आपका सबसे प्यारा काम है, जिसके लिए आप कुछ भी कर सकते हैं।
- **क्या आपका विचार मौलिक है और आप उसे पूरा करने का साहस रखते हैं ?** इसकी पड़ताल के लिए फिर से सहज ज्ञान का सहारा लें। जिस काम को आप सबसे ज्यादा प्यार करते हैं, उसी में स्वाभाविक विशेषज्ञता संभव है और वही आपकी मौलिकता बन जाएगी। उस काम को करने में आपको थकान नहीं मसहूस होगी, बल्कि खुशी मिलेगी। आप उस काम पर लगातार जुटे रहिए। सफलता तो तय है।
- **क्या आप अपनी इच्छा को दृढ़ संकल्प में बदल सकते हैं ?** यदि आप सहज ज्ञान के निर्देशन में काम कर रहे हैं तो चाहे जो कुछ भी करेंगे, वह आपकी स्वाभाविक इच्छा ही होगी। आप बिल्कुल स्पष्ट रहेंगे कि आपका क्या है और उसे आप क्यों करना चाहते हैं। लिहाजा, जब इच्छा के साथ-साथ इरादा भी स्पष्ट होगा तो वह आपका स्वाभाविक संकल्प बन जाएगा और वह काफी मजबूत होगा।

तो फिर शांत मन से सफलता के अनमोल स्व-कथनों को दोहराइए—

- मैं अलबेला (यूनिक) हूँ। मैं 'मैं' ही हूँ। मैं जो कर रहा हूँ, उसी के लिए पैदा हुआ हूँ।
- मैं खुद जैसा ही बना रहूँ, यह मेरा जन्मसिद्ध अधिकार है और कर्तव्य भी।
- मैं सफल हो रहा हूँ। मैं समृद्धि व सफलता की देवी को अपने मन-मंदिर में स्थापित करने जा रहा हूँ।

□

7

लक्ष्य का जादू एवं कार्य-योजना

उठो, जागो और तब तक न रुको, जब तक लक्ष्य तक पहुँच न जाओ। कामयाबी न मिले तो फिक्र मत करो, हिम्मत मत हारो, कोशिश जारी रखो। नाकामियों से सबक लेकर संघर्ष करते रहो। भाग्य साहसी व कर्मठ लोगों का ही साथ निभाता है।''' पीछे मुड़कर मत देखो। अपार शक्ति, अपरिमित उत्साह, अदम्य साहस व असीम धैर्य की जरूरत है, तभी काम पूरे हो पाएँगे।

—स्वामी विवेकानंद

वेदांत दर्शन के महान् आध्यात्मिक गुरु

बाधाएँ वे डरावनी चीजें हैं, जिन्हें आप तब देखते हैं, जब आप अपने लक्ष्य से अपनी आँखें हटा लेते हैं।

—हेनरी फोर्ड

फोर्ड मोटर कंपनी के संस्थापक

अपने मिशन में सफल होने के लिए आप में अपने लक्ष्य के लिए एकचित्त भक्ति होनी चाहिए।

—ए.पी.जे. अब्दुल कलाम

अंतरिक्ष वैज्ञानिक व भारत के पूर्व राष्ट्रपति

एकबारगी जब हम अपने अंदर की उस चाहत को, जुनून को खोज लेते हैं कि हम किस क्षेत्र में सफल होना चाहते हैं, तभी हम अपनी कार्ययोजना (प्लान ऑफ एक्शन) पर अपना ध्यान केंद्रित कर पाने में सक्षम हो सकते हैं। दिलचस्प तथ्य यह है कि सबसे अच्छी योजनाओं में से कुछ ही सबसे आसान होती हैं। थॉमस पीटर्स व रॉबर्ट वाल्टरमैन ने अंतरराष्ट्रीय बाजार में सर्वश्रेष्ठ बिक्री हासिल करनेवाली प्रबंधन की कला तथा विज्ञान की पड़ताल करनेवाली पुस्तक 'इन सर्च ऑफ एक्सीलेंस' में सरलता के विरोधाभास (पैराडॉक्स ऑफ सिंप्लिसिटी) विषय पर जबरदस्त टिप्पणी की है।

बहुराष्ट्रीय प्रबंधन परामर्श प्रतिष्ठान (मल्टीनेशनल मैनेजमेंट कंसल्टिंग फर्म) मैकिंजे एंड कंपनी के सैन फ्रांसिस्को कार्यालय में सलाहकार पद पर काम करते हुए पीटर्स व वाल्टरमैन को तमाम कंपनियों के प्रबंधकों के बीच काम करने और उनके तौर-तरीकों को नजदीक से अनुभव करने का मौका मिला था। इन चिंतक प्रबंधन सलाहकारों ने पाया था कि अनेक प्रबंधक, खासतौर पर व्यवसाय प्रबंधन में स्नातकोत्तर (एम.बी.ए.) की उपाधि हासिल करनेवाले या उन्हीं की तरह प्रशिक्षित अन्य लोग अपने स्वयं के अच्छे कार्यों के प्रति कुछ ज्यादा ही होशियार हो सकते हैं। ये होशियार लोग वे हैं, जो अपेक्षित मूल्य-समीकरण (एक्सपेक्टेड वैल्यू-इक्वेशन) के ताजा नतीजों के आधार पर हर समय अपनी दिशा बदलते रहते हैं। ये ही वे लोग हैं, जो सुविधा के इस्तेमाल से शतक परिवर्तनशील प्रारूप (हंड्रेड वेरिएबल मॉडल) की बाजीगरी दिखाते हैं; जो जटिल प्रोत्साहन/प्रलोभन प्रणालियों (कॉम्प्लेक्स इंसेंटिव सिस्टम) की रूपरेखा बनाते हैं; जो आव्यूह संरचनाओं (मैट्रिक्स स्ट्रक्चर) के तार जोड़ते हैं। इन्हीं लोगों के पास 200 पृष्ठों की रणनीतिक योजनाएँ (स्ट्रेटेजिक प्लान) और 500 पृष्ठों के बाजार आवश्यकता के दस्तावेज (मार्केट रिक्वायरमेंट डॉक्यूमेंट) होते हैं, जो कि उत्पाद विकास अभ्यासों (प्रोडक्ट डेवलपमेंट एक्सरसाइज) की श्रृंखला में पहले कदम से ज्यादा

और कुछ भी नहीं होता।

जरूरत से ज्यादा होशियार एम.बी.ए. प्रशिक्षित प्रबंधकों पर व्यंग्य करते हुए पीटर्स व वाल्टरमैन ने इन लोगों की अन्य श्रेणी को कुछ ज यादा गूंगा है। वे लिखते हैं कि इस श्रेणी के हमारे दोस्त अलग होते हैं। वे बस, यह भी नहीं समझ पाते कि हरेक ग्राहक को व्यक्तिगत सेवा (पर्सनलाइज्ड सर्विस) क्यों नहीं दी जा सकती, यहाँ तक कि पोटैटो चिप्स के कारोबार में भी। वे निजी तौर पर अपमानित कर दिए गए महसूस करते हैं, जब परोसी गई बीयर की बोतल खट्टी हो जाती है। वे यह नहीं समझ पाते कि नए उत्पादों का नियमित प्रवाह क्यों संभव नहीं हो सकता है या फिर क्यों हरेक कुछ सप्ताहों में एक कार्यकर्ता सुझाव का योगदान नहीं कर सकता है। लेकिन असल में साधारण बुद्धिवाले व्यक्ति भी, यहाँ तक कि मामूली लोग भी इन समस्याओं को सुलझा सकते हैं। अंत में, पीटर्स व वाल्टरमैन ने कहा है कि साधारण का अर्थ भले नकारात्मक होता है, लेकिन वे लोग, जो श्रेष्ठ कंपनियों का नेतृत्व करते हैं, थोड़े से साधारण होते हैं।

यानी बेहद जटिल समस्याओं के समाधान साधारण बुद्धि से ही संभव हो सकते हैं। असल में, समस्याएँ उतनी जटिल नहीं होतीं, जैसा कि उन्हें मान लिया जाता है। किसी विषय की विशेषज्ञता हासिल करना अच्छी बात है, लेकिन सटीक फैसले के लिए विशेषज्ञता से ज्यादा सहज बुद्धि (कॉमन सेंस) की जरूरत होती है और सफल लोगों में, चाहे वे किसी भी क्षेत्र में क्यों न हों, यह स्वाभाविक गुण होता है। वे बड़ी-से-बड़ी समस्याओं के भी मामूली से हल निकाल लेते हैं, जबकि विशेषज्ञ उनकी तकनीकी जटिलताओं में उलझे रह जाते हैं। लिहाजा, सफल व धनवान् बनने के लिए लक्ष्य की स्पष्टता के साथ ही उसे हासिल करने की कार्ययोजना का सहज होना बेहद जरूरी है।

जी हाँ, यह भरोसा कर सकने के लिए कि हम जितना चाहें, उतना धन अर्जित कर सकते हैं, अपने सपनों में भरोसा करने के लिए, नकारात्मक

लोगों की उपेक्षा करने के लिए हमें भोलेपन व सरलता की अच्छी खुराक की जरूरत है। जो बहुत ज्यादा तर्कसंगत या बुद्धिमान लोग हैं, वे सफल तो हो सकते हैं, लेकिन उनकी बुद्धिमत्ता उनकी सफलता को सीमित कर सकती है, यदि वह उनके सपनों के व्यापक क्षेत्र को सीमित करती है।

स्पष्ट लक्ष्य बनाना सबसे जरूरी

हमने पिछले अध्याय की शुरुआत में वेदांत दर्शन के महान् आध्यात्मिक गुरु स्वामी विवेकानंद के अनमोल वचन को उद्धृत किया है—*''एक विचार ले लो। उस एक विचार को अपनी जिंदगी बनाओ, उसके बारे में सोचो, उसके सपने देखो, उस विचार को जिओ। मस्तिष्क, मांसपेशियों, नसों, अपने शरीर के हर हिस्से को उस विचार से भर जाने दो और बाकी हरेक विचार को अकेला छोड़ दो। यही सफलता का रास्ता है।''* इस वचन को बार-बार पढ़ने, उसके बाद खुद को परखने की जरूरत है कि सचमुच हम ऐसा ही कर पा रहे हैं। क्या हमने शांत-चित्त से बैठकर अपने अवचेतन मन में उठनेवाले तमाम सहज विचारों में उस एकमात्र विचार को चुना है, जो हमारी जिंदगी का परम लक्ष्य बन सकता है? यदि हाँ, तो क्या हमने उस विचार को अपने जीवन में उतारने की कोशिश की है? यदि कोशिश की है तो क्या वह विचार हमारी साँसों में उतर पा रहा है? हम जागते हुए सिर्फ और सिर्फ उसी के बारे में सोच पा रहे हैं क्या? क्या सोते समय सिर्फ वही हमारे सपनों में आ रहा है? क्या उसकी जादुई सुगंध हमारे शरीर के पोर-पोर से फूट-फूटकर हमें हर क्षण उसके उच्चतम शिखर की ओर आगे बढ़ते जाने के लिए उन्मत्त (पागल) कर रही है?

यदि हाँ, तो हम मान सकते हैं कि हमने बिल्कुल सही लक्ष्य चुना है और यही है हमारे जीवन की परम सफलता का रास्ता। इसी रास्ते पर चलते हुए हमें समृद्धि हासिल हो सकती है। बस, जरूरत है इस रास्ते पर धैर्य के साथ लगातार आगे बढ़ते जाने की—बिना रुके, बिना थके, हार-जीत की परवाह किए बगैर। जी हाँ, यही है हमारे स्वयं के जीवन

की अक्षय समृद्धि (रिन्यूएबल प्रोस्पेरिटी), परम लक्ष्य व परम आनंद (सुप्रीम ब्लिस) की प्राप्ति का मार्ग। इस रास्ते पर कर्म भजन बन जाता है—जैसे कबीर ने जुलाहा कर्म में ही राम को प्राप्त कर लिया था, जैसे रैदास ने चर्मकार वृत्ति में ही अपने आराध्य को हासिल कर लिया था, जैसे बावरी मीरा को कृष्ण मिल गए थे, जैसे चकोर चंद्रमा तक पहुँचने के लिए प्राणों की बाजी लगाने से नहीं चूकता। जी हाँ, जब हमें अपने लक्ष्य का पता चल जाता है तो हमारा जीवन एक यात्रा बन जाता है और हम यात्री—सफलता व समृद्धि मील के पत्थर बनते चले जाते हैं और हमारे कदम परम लक्ष्य की दिशा में आगे—और आगे की ओर बढ़ते चले जाते हैं। बाद में मंजिलों की गिनती की याद भी मिटती जाती है और फिर अंत में जीवन व लक्ष्य एकाकार हो जाता है। यही तो कह रहे हैं विवेकानंद—*"उठो, जागो और तब तक न रुको, जब तक लक्ष्य तक पहुँच न जाओ।"*

जरा ध्यान से देखें, आपको अपने आसपास के अधिकतर लोगों में कौन सी समानता दिखाई पड़ रही है? एक ही चीज का अभाव है उन सभी में—स्पष्ट लक्ष्य की कमी। लिहाजा, अधिकतर लोग जिंदगी में कुछ विशेष हासिल नहीं कर पाते। उन बेचारों को पता ही नहीं चल पाता है कि आखिर वे इस धरती पर आए क्यों थे। उन्हें जो भी मिल जाता है, करने लग जाते हैं। उनकी अपनी कोई महत्त्वाकांक्षा नहीं होती। ऐसे लोगों की संख्या भी कम नहीं है, जिन्होंने अपने लक्ष्य को पहचाना तो, लेकिन ज्यादा गहरे उतरने से घबरा गए और उनकी सफलता की यात्रा कुछ दूरी पर जाकर रुक गई। ऐसे औसत दर्जे के थोड़ी सी सफलता हासिल करनेवाले लोग बड़े सपने देखनेवालों की राह में सबसे ज्यादा रुकावट डालते हैं, क्योंकि वे पूरी तरह असफल लोगों के बीच खुद अंधे गाँव का काना राजा बनकर ही खुश रहने का नाटक करते हैं और दूसरों को अपने जीवन के व्यावहारिक अनुभवों के हवाले से नकारात्मक उपदेश देते हैं। ये पाखंडी हैं और बहुत ही ईर्ष्यालु स्वभाव के लोग होते हैं और

किसी को अपने से आगे बढ़ने से रोकने की हर संभव कोशिश करते हैं। इन्हें सफलता का रास्ता तो पता होता है, लेकिन ये अपनी कायरता को जीत नहीं पाते। यही कारण है कि बुढ़ापे में अधिकतर लोग इतना ज्यादा निराश हो जाते हैं कि सोचने-समझने की सामान्य शक्ति भी खो देते हैं और पागलों जैसा व्यवहार करने लगते हैं।

हाँ, समाज में कुछ लोग ही ऐसे मिलेंगे, जो अपने जीवन से संतुष्ट दिखाई देते हैं; क्योंकि उन्हें अपने जीवन का लक्ष्य स्पष्ट तौर पर पता होता है। उनमें से कुछ लोग बेहद धनवान् भी हो सकते हैं और कुछ औसत दर्जे के भी। लेकिन वे समान रूप से सकारात्मक होते हैं। ऐसे लोग चाहे जिस भी क्षेत्र में हों, उसके मानक (स्टैंडर्ड) बन जाते हैं। वे दूसरों की सफलता से भी उतने ही खुश होते हैं, जितने कि खुद की। वे सबकी परवाह करते हैं, लेकिन कभी किसी के नुकसान के बारे में नहीं सोचते। उनके निकट जाकर देखिए, आपको पता चलेगा, ये जो भी करते रहे हैं या कर रहे हैं, सबकुछ योजनाबद्ध है। ये लोग दूसरों की देखा-देखी कुछ भी नहीं करते हैं, बल्कि सिर्फ वही करते हैं, जो असल में वे करना चाहते हैं। उनसे पूछकर देखें, सभी यही बताएँगे कि उन्होंने शुरू से ही अपने जीवन का स्पष्ट लक्ष्य निर्धारित कर लिया था और उपलब्ध साधन के साथ अपनी स्वाभाविक चाल से उस दिशा में कदम बढ़ाते चले गए। वे कहेंगे—'हमें वही मिला है, जिसे प्राप्त करने की हमने योजना बनाई थी; न ज्यादा, न कम।'

कारोबारी साहित्य की कई रचनाओं में एक बिक्रीकर्मी की कहानी बार-बार दोहराई जाती है, जो हर महीने एक निश्चित मात्रा से ज्यादा की बिक्री नहीं कर पाता है। बिक्री प्रबंधक ने उसकी औसत मासिक बिक्री से काफी कम संभावनाओंवाले बाजार क्षेत्र में भेजा तो वहाँ से भी उसने उतनी ही राशि की बिक्री की और जब बहुत ज्यादा संभावनाओंवाले बाजार में भेजा तो भी उसका प्रदर्शन अपने औसत के आसपास ही बना रहा। उस बिक्रीकर्मी की दुविधा उसके अपने लक्ष्य एवं स्व-चित्रण पर

आधारित थी। उसने कभी भी अपने ऊपर यह भरोसा नहीं किया कि वह ज्यादा बिक्री भी कर सकता था और उसके अवचेतन मन में यह धारणा जम-सी गई थी। यही कारण था कि वह कम संभावनाओंवाले बाजार में भी उम्मीद से बड़ा और ज्यादा संभावनाओंवाले बाजार में उम्मीद से काफी कम अपने औसत बिक्री को ही हासिल कर पाता था; न कम, न ज्यादा।

यह सिर्फ एक बिक्रीकर्मी के जीवन की दुविधा नहीं है। हम सबके जीवन में ऐसा ही अनुभव मिलता है। जरा अपने जीवन के अब तक के अनुभवों का गंभीर विश्लेषण करें, आपको पता चल जाएगा कि आपको जितना कुछ भी मिल सका है, सभी नतीजे आपके उद्देश्यों या लक्ष्यों से ही सीधे जुड़े रहे हैं; न ज्यादा, न कम। हाँ, आपको वही या उतना ही मिला है, जिसकी या जितनी आपने इच्छा की थी, फैसला किया था, योजना बनाई थी और फिर उसे पाने के लिए जैसी या जितनी कोशिशें की थीं। चाहे कोई भी हो, जिसका लक्ष्य अस्पष्ट या अनिश्चित है या फिर जिसका कोई लक्ष्य ही नहीं है, उसे अनिश्चित नतीजे ही मिलेंगे या फिर बिल्कुल ही कोई नतीजा नहीं मिलेगा। इसके उलट, यदि कोई अपना विशिष्ट लक्ष्य स्थापित करता है और विशिष्ट कार्य-योजना पर अमल करता है तो वह उसे जरूर हासिल कर लेता है।

ऐसा क्यों होता है? इसका उत्तर भी आपके ही पास है, आपके अवचेतन मन में। आप सहज ज्ञान से जो भी स्वाभाविक लक्ष्य निर्धारित करेंगे, यानी अपने अवचेतन मन में जिस प्रकार के लक्ष्य के लिए सामग्री प्रक्रिया कार्यक्रम (सॉफ्टवेयर प्रोग्राम) को स्थापित करेंगे, वही नतीजे हासिल कर सकेंगे। जरूरी नहीं है कि उस लक्ष्य को हासिल करने के लिए आपको कठिन श्रम करना पड़े। हो सकता है कि आप काफी कम काम करें। बीते जमाने में सफलता को आमतौर पर कठिन श्रम के घंटों से नापा जाता रहा है; लेकिन तब भी सफलता असल में मानसिक खेल (मेंटल गेम) ही था और अब भी वही है। ध्यान रहे कि किसी भी लक्ष्य को हासिल करने में कठिन श्रम सबसे महत्त्वपूर्ण भूमिका अदा करता है

और उसका अभी भी उतना ही महत्त्व है; लेकिन जब आप स्वयं को अपने उद्देश्य के साथ संरेखित (अलाइन) करते हैं, नकारात्मकता का त्याग कर देते हैं और अपने अवचेतन मन में लक्ष्य-प्राप्ति का सॉफ्टवेयर स्थापित करते हैं तो आप अपेक्षित नतीजे को आसानी से प्राप्त कर लेते हैं। जी हाँ, कम श्रम से भी बेहतर नतीजे मिल सकते हैं। सफलता की ऊँचाइयाँ हासिल करनेवाले सभी लोग जानते हैं कि यह बिल्कुल आसान सा सच है—सार्वभौमिक सत्य (यूनिवर्सल ट्रुथ) है। यदि इस सत्य को जान पाना कोई रहस्य है भी, तो ऐसा नहीं कि आप या हम इसका अनुभव नहीं कर सकते और यह रहस्य आपके स्पष्ट लक्ष्य-निर्धारण मैं ही छुपा हुआ है। आप ज्यों ही सहज भाव से सहज लक्ष्य बनाएँगे, आपको इस सत्य का रहस्यमय दरवाजा खुलता हुआ नजर आने लगेगा और फिर आप एक कदम आगे बढ़कर अपनी सफलता के राजमार्ग पर पहुँच जाएँगे।

सावधान! यह भी सच है कि कठिन परिश्रम करनेवाले और सफलता-उन्मुख समुदाय में ही ऐसे लोगों की संख्या काफी ज्यादा है, जिनके मस्तिष्क में विशिष्ट उद्देश्य नहीं है। अधिकांश लोग अपने जीवन में मामूली सुधार से ही संतुष्ट हो जाते हैं, बिना इस तथ्य का विचार किए या साहस दिखाए कि यदि वे अपने लिए ठोस सुधार का प्रतिनिधित्व करनेवाले स्पष्ट आँकड़े निश्चित करें तो वे उस जीवन-दशा में भी आगे बढ़ सकते हैं, जिसे वे आदर्श मानते हैं। यानी यदि आपके सामने अपने जीवन का उद्देश्य या लक्ष्य सुस्पष्ट नहीं है तो आप सफलता के राजमार्ग पर कदम बढ़ाने के बाद भी वहाँ तक नहीं पहुँच पाएँगे, जहाँ तक आप थोड़ी सी और कोशिश से पहुँच सकते थे और अक्षय समृद्धि की स्थिति को प्राप्त कर सकते थे।

तो आपका लक्ष्य क्या है अगले साल के लिए? आप कितना कमाना चाहते हैं—5 लाख, 50 लाख, एक करोड़ या उससे भी ज्यादा? यदि आप अपनी जीवन-शैली में ठोस सुधार लाना चाहते हैं—एक पूरी तरह से वैध इच्छा, तो खुद से पूछिए कि आपको क्या लक्ष्य निर्धारित करना

है। यदि आप एक बेहतर सुनहरा भविष्य चाहते हैं तो अपने लक्ष्यों को स्थापित करें और निर्धारित करें कि उन लक्ष्यों तक पहुँचने के लिए आप कितना समय व कितनी ऊर्जा लगा पाने को इच्छुक व सक्षम हैं। यदि आप सिर्फ पदोन्नति या बेहतरीन नौकरी प्रस्ताव का सपना देख रहे हैं और आपने अपने लिए कोई विशिष्ट उद्देश्य नहीं रखा है तो आप जिस जादू की अपेक्षा कर रहे हैं, वह नहीं हो सकेगा। ध्यान रखें, आपका आत्म-मूल्य (सेल्फ वर्थ) सिर्फ उतना ही है या हो सकता है, जितना कि आप उसे मानते या आँकते हैं।

सभी सफल व्यक्ति इस स्पष्ट सच्चाई को जानते-समझते हैं। यदि आप साफ लक्ष्य बनाते हैं और उसे हकीकत में बदलने के सामने दिख रहे पायदानों पर अगला कदम बढ़ाते जाते हैं—ये वैसे ही कदम होने चाहिए, जो आपके अवचेतन मन को आश्वस्त कर सकें कि आप अपने लक्ष्य पर ध्यान केंद्रित करने के लिए सचमुच गंभीर हैं। आपको पता चलेगा कि आप अपनी मंजिल तक पहुँच चुके हैं।

अपना मूल्य कम कर न आँकें

अधिकांश लोग जो सबसे बड़ी सीमा अपने ऊपर थोप देते हैं, वह उनके दिमाग में ही पैदा हुई होती थी। जी हाँ, यह एक दिलचस्प मनोवैज्ञानिक तथ्य है कि हम अपना मूल्य ठीक प्रकार से नहीं लगा पाते और उसे कम आँककर खुद ही अपनी संभावनाओं को सीमित कर लेते हैं। ध्यान रहे, एक व्यक्ति का मूल्य बिल्कुल वही होता है, जितना कि वह उसके होने पर भरोसा करता है; न कम, न ज्यादा। भले ही व्यक्ति आत्मविश्वस्त दिखता हो, लेकिन अधिकांश लोग खुद का कम मूल्यांकन करते हैं। जो लोग अपने अंतर्मन की गहराइयों को जानते-समझते हैं और यह मानते हैं कि वे सचमुच में मूल्यवान् हैं, ऐसे लोगों की संख्या काफी कम होती है। लगभग हर व्यक्ति में थोड़ी-बहुत हीन भावना होती है और यही कारण है कि वे खुद को सफलता की उन ऊँचाइयों तक पहुँच पाने के योग्य नहीं समझ पाते हैं, जहाँ तक पहुँच पाने की उनमें स्वाभाविक

संभावनाएँ होती हैं। नतीजतन, अधिकांश लोग इसी हीन भावना के शिकार बनकर अपनी सफलता व समृद्धि को खुद ही सीमित कर लेते हैं।

अब सवाल उठता है कि हम अपनी हीन भावनाओं से कैसे छुटकारा पाएँ और अपना सही मूल्यांकन कैसे करें? इसका सर्वोत्तम तरीका यह है कि हम अपने अंदर आत्म-सम्मान (सेल्फ एस्टीम) की भावना विकसित करें। हम व्यक्ति विशेष के सोच में बदलाव लाने में आधारभूत तकनीकों पर पिछले अध्यायों में पहले ही काफी चर्चा कर चुके हैं। लिहाजा, आत्म-सम्मान की भावना को मजबूत करने और उसे हासिल करने का सबसे अच्छा तरीका यही है कि हम विशिष्ट मौद्रिक उद्देश्य (स्पेसिफिक मोनेटरी ऑब्जेक्टिव) के साथ काम करें। जी हाँ, जब तक हम अपने काम को कमाई से नहीं जोड़ेंगे, हमें अपने मूल्य का पता नहीं चल सकेगा। तो हम चाहे जिस क्षेत्र में भी काम कर रहे हों, आत्म-सम्मान का पैमाना धन-प्राप्ति से जोड़कर देखना बेहद जरूरी है।

सटीक उद्देश्य का जादुई असर—आमतौर पर जब हम पहली बार अपना विशिष्ट मौद्रिक उद्देश्य या लक्ष्य निर्धारित करते हैं तो हम ऊहापोह की स्थिति में होते हैं। चाहे हम जितना भी आत्मविश्वास का प्रदर्शन करें, फिर भी हमारे अवचेतन मन में संदेह की एक निश्चित मात्रा बनी ही रहती है और यही संदेह हमारी महत्त्वाकांक्षा की स्पष्टता व शक्ति को सीमित करता है। इसलिए हमारा पहला लक्ष्य यथार्थवादी (रीयलिस्टिक) होना चाहिए; फिर जब हम उस पहले लक्ष्य को हासिल कर लेते हैं तो हमारे लिए ज्यादा बड़ा लक्ष्य निर्धारित कर पाना आसान हो जाता है। हाँ, दूसरे लक्ष्य को उसकी संभावनाओं की अंतिम सीमा तक खींचना भी बहुत जरूरी है। जो लोग पहली बार अपना लक्ष्य स्पष्ट कर लेते हैं, उन्हें पता चलता है कि उन्होंने न केवल उसे आसानी से हासिल कर लिया था, बल्कि उससे आगे भी निकल गए थे।

इससे यह भी पता चलता है कि आपने पहले लक्ष्य को अपनी क्षमता से कम करके आँका था, लेकिन अब आप पहले लक्ष्य को हासिल कर

चुके हैं और आपको पता चल गया था कि आप कितना ज्यादा कर सकते थे। लिहाजा, दूसरा लक्ष्य कुछ ज्यादा बड़ा होना चाहिए, जो सरसरी तौर पर भले ही कम यथार्थवादी लगे, लेकिन अब खुद को चुनौती देना बेहद जरूरी है। यदि ऐसा नहीं हुआ तो आपको आपकी असल संभावनाओं का पता नहीं चल सकेगा। तो अब आपको अपने दूसरे लक्ष्य को पूरे जुनून के साथ हासिल करने में जुटना पड़ेगा। यह एक रोमांचक खेल है, जो बेहद लाभप्रद नतीजे सामने लाता है। इसमें हैरान होने जैसी बात नहीं है कि यदि आपने दूसरे लक्ष्य को हासिल करने का समय एक वर्ष निर्धारित किया है तो वह छह महीने में ही पूरा हो जाए। जी हाँ, स्पष्ट लक्ष्य-निर्धारण के इसी प्रकार के जादुई नतीजे देखने को मिलते हैं।

और इससे एक बार फिर साबित होता है कि आपने अपनी ही संभावनाओं को कितना कम करके आँका था; लेकिन स्व-मूल्यांकन की प्रक्रिया इसी तरह से पूरी होती है। अब जब दूसरी बार भी आपको मूल्यांकन से काफी बड़े नतीजे मिलते हैं तो आपका अगला लक्ष्य और भी सुस्पष्ट हो जाता है। अंततः आप अपना सटीक मूल्यांकन करने लग जाते हैं और फिर आपका लक्ष्य पूर्व अनुमानित नतीजे लाने लगता है; न ज्यादा, न कम।

आप में अनंत संभावनाएँ हैं—यह अतिशयोक्ति नहीं, बल्कि सार्वभौमिक सत्य है कि आपका मूल्य असीम है, आपके स्वयं के भरोसे से भी कहीं बहुत ज्यादा; लेकिन परेशानी यह है कि संभवतः अब तक आपको किसी और ने यह सच्चाई बताई ही न हो। विडंबना यह है कि संभवतः कुछ या अधिकांश नजदीकी लोगों ने आपको यह विश्वास दिलाने में कोई कसर बाकी न छोड़ी हो कि असल सच्चाई इसके उलट है, अर्थात् आपका मूल्य उतना नहीं है, जितना कि आप आँक रहे हैं।

सावधान! याद रहे कि बुद्धिमत्ता (इंटेलिजेंस), कर्म (वर्क), अभिप्रेरणा (मोटिवेशन), कल्पना-शक्ति (इमेजिनेशन), अनुशासन (डिसिप्लिन) व अनुभव (एक्सपीरियंस) वास्तव में सफलता के महत्त्वपूर्ण

घटक हैं। लेकिन आपने देखा होगा कि कई लोगों में ये सारे गुण मौजूद होते हैं, फिर भी वे सफल नहीं हो पाते; होते भी हैं तो आधे-अधूरे या फिर बिल्कुल भी अपनी संभावनाओं को जी नहीं पाते? हो सकता है कि आपके साथ भी ऐसा ही हो रहा हो। हो सकता है कि आपके पास भी हर तरह की प्रतिभाएँ हों और आप काफी कोशिशें भी कर रहे हों; लेकिन सफलता बिना किसी ठोस कारण के आपसे बचकर निकल जा रही हो। आप अपने दफ्तर में, धंधे में या उद्यम में भी ऐसे कई लोगों से मिलते होंगे, जो आपके मुकाबले ज्यादा प्रतिभा-संपन्न नहीं दिखाई देते होंगे, फिर भी वे तेजी से ऊपर आ रहे होते हैं, पदोन्नति पा रहे होते हैं और ईर्ष्या करने लायक सफलताओं को हासिल कर रहे होते हैं।

क्यों? जरा गौर से देखें ऐसे लोगों की गतिविधियों व जीवन-शैली को। आपको साफ पता चल जाएगा कि उनके स्व-चित्रणों (सेल्फ इमेज) ने उनके लक्ष्यों को सुनिश्चित किया और फिर उन लक्ष्यों ने उनकी जीवन-शैली को सुनिश्चित किया है। अब जरा स्वयं को देखिए, क्या अंतर है आप में और बाकी आगे बढ़ रहे, पदोन्नत हो रहे और आश्चर्यजनक सफलता हासिल करनेवालों में? इस अंतर को समझना बहुत जरूरी है। शांत मन से टटोलिए खुद की कमी को, आपको जल्द ही पता चल जाएगा कि आपने बहुत बड़ी भूल की है और वह भूल है—स्वयं का कम मूल्यांकन। जी हाँ, आपने अपनी संभावनाओं का सटीक आकलन नहीं किया, यानी अपना स्व-चित्रण सही नहीं किया, जिसके चलते आपका लक्ष्य प्रभावित हुआ और फिर गलत लक्ष्य ने अंतिम नतीजे यानी सफलता की संभावनाओं को सीमित कर दिया और अब उसका असर आपकी जीवन-शैली में झलक रहा है।

आपके पास सबकुछ तो था ही, लेकिन सफलता का सबसे जरूरी गुण अपना सटीक मूल्यांकन कर पाने की कला—नहीं था। तो क्या सोच रहे हैं? जब तक अपनी इस मानसिक बाधा को हटाते और खुद की संभावनाओं पर भरोसा कर अपने मूल्यांकन को नहीं ब़ढ़ाते, तब तक

आपका लक्ष्य बड़ा नहीं हो सकता और फिर नतीजा भी बड़ा नहीं हो सकता। शांत हो जाइए, अपने अवचेतन मन को टटोलिए, आपको सटीक उत्तर मिलेगा और आप ज्यादा बड़ा लक्ष्य निर्धारित कर पाने में जरूर सफल होंगे और जब आपके मन-मंदिर में स्वयं पर भरोसा कर पाने की घंटी बजेगी तो चारों दिशाओं में सफलताएँ भी नजर आने लगेंगी। यही तो है आपके अवचेतन मन की ताकत, आपकी अपनी ताकत, आपकी आत्मा की ताकत।

तो उठिए और थाम लीजिए अपने भरोसे की बाँह और मस्ती में झूमते हुए चल पड़िए सफलता व समृद्धि की राह पर। आपको कोई थकान भी नहीं होगी, लेकिन एक के बाद दूसरी मंजिलें पार होती चली जाएँगी। हर मंजिल आपके आत्मविश्वास को बढ़ाती जाएगी, आप और ज्यादा बड़ा मूल्यांकन कर पाएँगे अपना। लक्ष्य लगातार बड़ा होता जाएगा। आपका जुनून भव्य होता जाएगा और फिर आपकी जीवन-शैली भी आपके स्वयं से प्रतियोगिता करती हुई नजर आने लगेगी। तब आपके अवचेतन मन की सभी शक्तियाँ जाग्रत् होती जाएँगी और आपको अपने भीतर असीम (लिमिटलेस), अनंत (एंडलेस) एवं अपरिमित (इनफिनिट) शक्ति का अहसास होने लगेगा। इसी को तो अध्यात्म की भाषा में आत्म-जागरण (सेल्फ अवेयरनेस) भी कहा जाता है और आत्म-जाग्रत् व्यक्ति अपनी संपूर्ण संभावनाओं को देख पाने, सटीक आकलन कर पाने, सटीक लक्ष्य-निर्धारण कर पाने और अपेक्षित सफलता को सुनिश्चित कर पाने में सक्षम हो जाता है।

लक्ष्य को एकमात्र व निश्चित विचार बनाएँ—लक्ष्य एक आवर्धक शीशा (मैग्नीफाइंग लेंस) की तरह काम करता है। जिस प्रकार आवर्धक शीशा सूर्य की बिखरी हुई किरणों की ऊर्जा को एक बिंदु पर केंद्रित कर लक्षित वस्तु में आग लगा सकता है, उसी प्रकार लक्ष्य अपनी सभी शक्तियों को एक विचार पर केंद्रित कर उसे हकीकत बना सकता है। साफ है कि हमें अपने प्राथमिक लक्ष्य को एकमात्र, सरल व निश्चित

विचार बनाना होगा। इसके कई फायदे हैं। निश्चित विचार न केवल हमें अपनी शक्ति व सफलता के स्तर को बढ़ा पाने में मदद करता है, बल्कि हमें सबसे गंभीर गलती अपनी ऊर्जा को बिखेर देने से भी रोकता है। निश्चित लक्ष्य जब निश्चित विचार में बदल जाता है तो सफलता अवश्यंभावी हो जाती है।

एक निश्चित विचार के प्रति हमारी एकाग्रचित्तता हमें अपने पेशेवर व निजी जीवन को भी कम कोशिश में ज्यादा सुस्पष्ट तरीके से निर्देशित-संचालित करने में सक्षम बनाती है। ऐसे में, हमें उन चीजों को प्रोत्साहित करना पड़ेगा, जो हमें हमारे लक्ष्य के आसपास बने रखने में मदद करती हैं और बाकी चीजों को अपने से दूर भी करना पड़ेगा। अब आप कैसे पता करेंगे कि वे कौन सी चीजें हैं, जो आपको अपने लक्ष्य पर ध्यान केंद्रित करने में मदद कर रही हैं और कौन सी चीजें नहीं। जी हाँ, हमारा एकमात्र निर्देशक हमारा अवचेतन मन ही है, जिसके सहज ज्ञान (इंट्यूशन) के जरिए हम कुछ भी पता लगा सकते हैं। यहाँ भी यही बताएगा कि हमें क्या करना चाहिए। चाहे हम किसी साझीदार का चुनाव कर रहे हों या किसी मित्र की टिप्पणी का आकलन कर रहे हों या फिर किसी किताब में उद्धरण (कोटेशन) पढ़ रहे हों या किसी आलेख में सच की गूँज सुनाई दे रही हो। जी हाँ, आपको सिर्फ अपने अवचेतन मन में पूछने भर की देर है। आपको आदेश मिलेगा, सलाह मिलेगी और निर्देशन भी। बस, आपको उसे गौर से सुनना पड़ेगा और उसके मुताबिक आचरण करना होगा।

तो अब आपको इन बातों को ध्यान में रखना होगा—

- एक कागज पर लिख डालिए कि आपको अगले साल कितना कमाना है। आप पाएँगे कि वह लक्ष्य तो काफी कम समय में पूरा हो गया, यानी आपने अपना सही मूल्यांकन नहीं किया था।
- दूसरे लक्ष्य को पहले के मुकाबले काफी बड़ा लिखिए। आप देखेंगे कि वह भी काफी छोटा था आपकी संभावनाओं के मुकाबले।

ध्यान रहे, आपका लक्ष्य व्यावहारिक होना चाहिए, सिर्फ उतना बड़ा, जो अपना सहज ज्ञान स्वीकार करे।

➢ अंत में, आप खुद ही समझ जाएँगे कि आपकी शक्ति असीम है। आप अपने सहज ज्ञान से जिस लक्ष्य पर भी ध्यान केंद्रित करेंगे, उसे हासिल कर लेंगे।

अपनी ठोस कार्य-योजना बनाएँ

हेवलेट पैकार्ड के सह-संस्थापक कहते हैं, ''मेरा मानना है कि न केवल एक कंपनी के शुरुआती दिनों में, बल्कि बाद में भी उसी तरह अपने प्रयास पर ध्यान केंद्रित करने का निर्णय अत्यंत महत्त्वपूर्ण है।'' जी हाँ, हमारी सफलता की राह पर सबसे महत्त्वपूर्ण कदम है—कदम-दर-कदम कार्य की योजना की तैयारी, ताकि हमारा इरादा—होशपूर्वक या अवचेतन में ठोस रूप ले ले। हो सकता है कि जो हकीकत में खुलकर सामने आए, वह हमारी कदम-दर-कदम कार्ययोजना से बहुत अलग हो या फिर ऐसा भी होने की संभावना है कि वह बिल्कुल ही अलग हो; लेकिन फिर भी हम अपने लक्ष्य तक पहुँच जाएँगे, ज्यों ही हम अपने इरादे या अभिप्राय (इंटेंशन) को ठोस व अडिग बना लेंगे।

दुर्भाग्य से कुछ काम कभी भी महान् आर्थिक पारितोषिक नहीं दे पाते, लिहाजा वैसे कामों से बहुत अधिक धन की अपेक्षा न करें तो वही बेहतर है; लेकिन यदि आप वित्तीय सुरक्षा चाहते हैं और अपने सपने का पीछा करने के लिए साधन जुटाना चाहते हैं तो आपको तत्काल अपने काम को बदलना पड़ेगा। सावधान! ऐसा करने से पहले आपको अपने मौजूदा काम क़ी संभावनाओं को गहराई से परखना होगा। यदि वह आपके सहज ज्ञान के आदेशानुसार है, आपका स्वाभाविक काम है, जिसे करने में आप सचमुच में आनंद का अनुभव करते हैं तो उसे बदलने की कतई जरूरत नहीं है; लेकिन उस काम के तरीकों में बदलाव कर नतीजों को अधिकतम बनाया जा सकता है, यानी आप अपने मौजूदा काम से भी अधिक-से-अधिक निचोड़ सकते हैं। हाँ, उस काम में अन्य कामों के

मुकाबले कम आर्थिक उपलब्धि (फाइनेंशियल अचीवमेंट) हो, लेकिन उसी काम में आपको सबसे ज्यादा आत्म-संतुष्टि (सेल्फ सेटिसफेक्शन) मिल सकेगी। लेकिन ऐसा नहीं है, तो वैसा काम ढूँढ़ें अपने सहज ज्ञान से आदेश मिलने के बाद ही, जिसमें आप अपनी पूरी प्रतिभा, कार्य-कुशलता व पूरे जुनून के साथ जुट सकते हों। उसी नए काम से आपको आत्म-संतुष्टि भी मिलेगी और आर्थिक सुरक्षा भी।

याद रहे कि मानव प्रजाति (ह्यूमन बीइंग) का कोई भी व्यक्ति अचूक (इनफालिएबल) नहीं है, यहाँ तक कि सबसे ज्यादा अनुभवी व्यवसायी, उद्यमी या किसी भी क्षेत्र में सफलता के उच्चतम शिखर पर पहुँचनेवाला कोई भी व्यक्ति। गलतियाँ सभी से होती हैं। हाँ, केवल वे लोग ही कोई गलती नहीं करते, जो कुछ भी नहीं करते हैं, जो अकर्मण्य हैं, कार्य-विमुख हैं, निष्क्रिय हैं, आलसी हैं। अस्थायी झटकों के बावजूद आप अपने लक्ष्य तक पहुँचेंगे ही, बशर्ते आपने अवचेतन मन की कंप्यूटर प्रणाली में उसके मुताबिक सामग्री-प्रक्रिया कार्यक्रम (सॉफ्टवेयर प्रोग्राम) की स्थापना की हो। यही सटीक मौद्रिक लक्ष्य (मोनेटरी गोल) एवं समय सीमा के साथ अमल में लाई जानेवाली कार्य-योजना की शक्ति है।

कदम-दर-कदम कार्य-योजना व ठोस इरादा—आखिरकार कदम-दर-कदम कार्य-योजना क्या है? वही, जो आपके अवचेतन मन को आश्वस्त कर सकती हो कि आपकी इच्छा, आपका सपना, आपकी अभिलाषी सोच या कामना सचमुच में आपका इरादा बन चुकी है। आप निश्चित लक्ष्य को पूरा करने और अपने जीवन में उस स्थिति को पैदा करने का पक्का इरादा बना चुके हैं और आप इस दौरान आनेवाली अस्थायी बाधाओं से पूरे जुनून के साथ मुकाबला करने के लिए आमादा हैं और कदम-दर-कदम इसी ठोस इरादे का प्रमाण है। जी हाँ, जब आपका अवचेतन मन आपके इरादे से संतुष्ट हो जाता है तो अपनी असीम क्षमताओं के साथ उस काम में जुटता है तब फिर आप बिल्कुल वही कर पाते हैं, जो करने का इरादा रखते हैं; न ज्यादा, न कम।

अपनी कार्य-योजना को लागू करने का सीधा मतलब यह भी हो सकता है कि हम व्यक्तिगत असुरक्षा के कारण बननेवाला जोखिम उठा रहे हैं। विशेष रूप से तब, जब हम पहली बार लक्ष्य-निर्धारण कर स्पष्ट कार्य-योजना पर अमल करते हैं। ऐसे में लगभग हरेक बदलाव, चाहे वह बेहतरी के लिए ही क्यों न हो, निश्चित मात्रा में चिंता पैदा करता है। अधिकांश लोगों के लिए व्यक्तिगत सुरक्षा इतनी बड़ी या महान् होती है कि वे उसके लिए अपने बहुमूल्य सपनों की बलि दे देते हैं। सावधान! याद रखें, डर के आगे जीत है। अपनी व्यक्तिगत सुरक्षा को अपने सपनों पर हावी न होने दें, साहस के साथ आगे बढ़ें। आपकी असली मंजिल आपके चंद कदमों की दूरी पर है। आपको कभी भी इसके लिए पछताना नहीं पड़ेगा। जी हाँ, हम उन्हें याद नहीं रखते, जो सफलता के पहले के पुल को पार करने से डर के पीछे की तरफ मुड़ गए; बल्कि उनसे सीखते हैं, जो साहस के साथ अपनी मंजिल तक पहुँचते हैं। सफलता व असफलता के बीच अगर कोई फासला है, दूरी है तो इसी व्यक्तिगत असुरक्षा के पुल को पार कर जाने का जोखिम। तभी तो कहते हैं, 'जिन खोज तिन पाइयाँ, गहरे पानी पैठ; जो बौरा डूबन डरा, रहा किनारे बैठ।'

हमारा मानना है कि व्यक्ति विशेष को एक समय में अपने जीवन के किसी क्षेत्र में दो से अधिक लक्ष्य नहीं बनाने चाहिए। एक बार कई लक्ष्यों के पीछे भागना हमारी एकाग्रता भंग करता है और हमारे काम को कम प्रभावी बनाता है। लेकिन हम जीवन के अलग-अलग क्षेत्रों में एक साथ कई लक्ष्यों पर भी काम कर सकते हैं, जैसे कि पेशेवर योग्यता, घरेलू कामकाज, शारीरिक योग्यता, व्यक्तिगत संबंधों में सुधार या फिर शोध-प्रबंध (थीसिस) या किताब को पूरा करने आदि के लक्ष्य एक साथ पूरे किए जा सकते हैं, जिससे हमारे जीवन का संपूर्ण विकास संभव हो सकता है।

एक और बेहद लाभकारी काररवाई है—हमारे भविष्य के लक्ष्यों का निर्धारण। हम अपने भविष्य के 1 वर्ष, 5 वर्ष, 10 वर्ष, 20 वर्ष या

50 वर्ष के लक्ष्य निर्धारित कर सकते हैं। अपनी 60 वर्ष की उम्र तक हम कहाँ तक पहुँचना चाहते हैं, जब हम 80 साल के होंगे तो हम कैसे व्यक्ति होंगे? हम अपनी किस प्रकार की जिंदगी के सपने देखते हैं? हमारा स्वास्थ्य व शारीरिक योग्यता कैसी रहेगी? क्या हम बच्चे चाहते हैं? यदि हाँ, तो कितने और फिर उनका लालन-पालन कैसे करना चाहते हैं? अंतत: हम अपने जीवन में क्या कुछ उपलब्धि चाहते हैं? सावधान! अपने को कम करके न आँकें! याद रहे, आपकी संभावना अनंत है और आप जितना भी चाहेंगे, वह पूरा होकर रहेगा, न ज्यादा, न कम। तो फिर शांत चित्त से बैठिए और अपने सहज ज्ञान के आदेश प्राप्त कर बना डालिए अपने जीवन की कदम-दर-कदम योजना। आमतौर पर लोग यह योजना बनाते हैं और फिर भूल जाते हैं कि उन्होंने अपने जीवन के क्या लक्ष्य निर्धारित किए थे। फिर भी, वे उन लक्ष्यों को हासिल कर लेते हैं। लेकिन हमारी राय है कि हम अपनी जीवन योजनाओं को जिएँ और उन्हें कभी भी अपनी नजरों से ओझल न होने दें।

हम हैं अपने जीवन-भवन के वास्तुकार। चाहे हमारी मौजूदा परिस्थितियाँ जैसी भी हैं, चाहे हमने अब से पहले का अधिकांश जीवन असफलताओं में ही क्यों न बिताया हो और फिर चाहे हमारी उम्र कुछ भी हो, हम अपने भविष्य की जिंदगी को बदल सकते हैं; क्योंकि हम अपने जीवन-भवन के वास्तुकार (आर्किटेक्ट) स्वयं हैं। हाँ, हम बीते दिनों की गलतियों से सबक ले सकते हैं और वर्तमान का पल-पल अपने भविष्य के निर्माण में लगा सकते हैं। यह अब भी हमारे पास है; जो बीत गया, सो बीत गया। अब उसके लिए पछतावा करना अपना बहुमूल्य समय गँवाने के अलावा और कुछ भी नहीं है। भूल जाइए अपने अतीत को और जुट जाइए वर्तमान को साधने में, भविष्य के लक्ष्य के साथ। अधिकांश लोगों को अपनी उम्र के 60वें एवं 70वें दशक में पता लग पाता है कि उनके जीवन का असल उद्‌देश्य क्या था और वे उसे पूरा कर दिखाते हैं। इसलिए अपने सपने को पूरा करने की भी कोई उम्र नहीं होती। जब

समझ आ गया, तभी से पड़ जाइए उसके पीछे और याद रखिए, कोई भी सपना मनुष्य से बड़ा नहीं होता।

जब हम अपने आदर्श भविष्य का चित्रांकन करते हैं, जब हम हम जानते हैं कि हम अपनी बाकी की जिंदगी में क्या करना चाहते हैं, तब हमारे छोटी अवधि के लक्ष्य (शार्ट टर्म गोल) बिल्कुल साफ व अर्थपूर्ण हो जाते हैं। तब हमारे लिए हर सुबह जल्दी जाग पाने को एक कारण मिल जाता है और लक्ष्य की दिशा में बढ़नेवाला हर कदम उसकी दूरी को कम करता चला जाता है। फिर हमें हमारा हर काम अर्थपूर्ण लगने लगता है, हमारी चाल लगातार तेज होती चली जाती है और हम मंजिल को बहुत पहले ही साफ-साफ देखने लग जाते हैं। जी हाँ, इस तरह से हममें अपने जीवन को मापने की कला विकसित होती है और हम स्वयं के लिए दूरदर्शी या भविष्यद्रष्टा (विजनरी) बन जाते हैं। जी हाँ, तब हम देख सकते हैं कि हमारा भविष्य कैसा होने वाला है और हमारा हर कर्म भी उससे अपनी पहचान स्थापित करने लग जाता है। इसी प्रक्रिया को तो कहते हैं—अपना भाग्य स्वयं बनाना या लिखना, स्वयं का भाग्य-निर्माता बन जाना।

जब हम अपने जीवन के चित्रांकन की कला सीख जाते हैं, अपनी आदर्श स्थिति की सटीक कल्पना करने लग जाते हैं, तब हम सचमुच में अपने भविष्य को मनचाहा आकार भी दे सकते हैं। ऐसा इसलिए भी संभव हो पाता है, क्योंकि तब हम सकारात्मक सपनों व रचनात्मक प्रत्यक्षीकरण के जरिए अपने अवचेतन मन में वैसे सामग्री-प्रक्रिया कार्यक्रम (सॉफ्टवेयर प्रोग्राम) की स्थापना कर पाने में सक्षम हो जाते हैं। यह एक दिलचस्प स्थिति है। हमारे चेतन (कांसीअ़स) व अवचेतन (अनकांसीअस) मस्तिष्क के बीच स्वाभाविक तादात्म्य बन जाता है। फिर हम अपने जीवन का वही चित्रांकन करने लग जाते हैं, जो हम स्वाभाविक रूप से कर सकते हैं और इस तरह से हमारे भविष्य की कमान हमारे हाथों में आ जाती है और तभी तो हम बन पाते हैं अपने जीवन के वास्तुकार, अपने भविष्य

के निर्माता और हमारे जीवन की मूल योजनाएँ (ब्लू प्रिंट) हमारे भविष्य का लक्ष्य व आदर्श दृश्य बन जाती हैं।

ध्यान रहे, हमारा दीर्घकालिक लक्ष्य (लॉन्ग टर्म गोल) न केवल हमारे जीवन के आदर्श को परिभाषित करते हैं, बल्कि उसे रचने में मदद भी करते हैं। वे हमारे सामने आनेवाले कई विकल्पों में से सटीक को चुनने की प्रक्रिया को आसान बनाते हैं, अन्यथा यह काफी मुश्किल व उलझन पैदा करनेवाली प्रक्रिया नजर आती है। दीर्घकालिक लक्ष्य के अभाव में सटीक रास्ते का चुनाव काफी मुश्किल हो जाता है और यही कारण है कि अधिकतर लोग कुछ दूर सही चलने के बाद भी गलत रास्ते पर आगे बढ़ने लगते हैं और अपने मूल लक्ष्य से भटक जाते हैं। इतना ही नहीं, जब हमें यह पता नहीं होता है कि हमारे जीवन का मूल लक्ष्य क्या है, तो हम अपने रोजाना के फैसले में भी गड़बड़ करते हैं। हम समझ ही नहीं पाते कि क्या सही है या फिर क्या गलत। हम यों ही बस, जो तत्काल बेहतर लगता है, कर बैठते हैं, जिसके नतीजे भयानक भी हो सकते हैं। तो हमारा हर कदम हमारे जीवन के मूल लक्ष्य की दिशा में ही आगे बढ़ना जरूरी है और ऐसा तभी संभव हो पाता है, जब हम उसे ठीक-ठीक तय कर पाते हैं।

दिलचस्प तथ्य यह है कि जीवन के लक्ष्य-निर्धारण की प्रक्रिया, जो सरसरी तौर पर काफी मुश्किल काम नजर आता है, काफी उत्तेजना पैदा करनेवाली उत्साहवर्धक होती है और हमारे जीवन के हर क्षेत्र की सफलता में योगदान भी करती है। सावधान, जीवन के दीर्घकालिक लक्ष्यों के निर्धारण का यह मतलब कतई नहीं है कि उसमें समय-समय पर संशोधन की आवश्यकता नहीं पड़ेगी। जी हाँ, हमें अपने जीवन के लक्ष्यों को लचीला रखना चाहिए, क्योंकि जीवन की धारा को बहते रहने के लिए, आगे बढ़ते रहने के लिए लगातार अनुकूलन (कांस्टेंट एडॉप्टेशन) की आवश्यकता होती है। यह जरूरी नहीं है कि जब हम अपने पाँचवें या दसवें वर्ष के लक्ष्यों तक पहुँचें, स्थितियाँ वैसी ही

रहेंगी, जिसका हम अभी अनुमान लगा पा रहे हैं। यदि हम सहज भाव से अपने लक्ष्यों का पीछा कर रहे हैं और हर नई जरूरत के मुताबिक अपनी क्षमताओं का विकास कर रहे हैं तो लगभग निश्चित है कि हम अपने लक्ष्यों तक निर्धारित समय से इतना पहले और इतनी आसानी से ही पहुँच जाएँ, जिसकी हमने कभी कल्पना भी न की हो।

इसका भी ठोस कारण है। जब हमारा अवचेतन मन सटीक कार्यक्रमों से लैस होता है, तब नई स्थितियाँ हमारी अपेक्षाओं या पुराने अनुभवों से कहीं ज्यादा बेहतर पैदा होती हैं। हमें हर दिन, हर दिशा में बेहतर और बेहतर स्थितियाँ मिलती हैं। हम ज्यों-ज्यों विकसित होते जाते हैं, हमारी संपूर्ण संभावनाएँ ज्यादा और ज्यादा हकीकत बनती चली जाती हैं और फिर हम जो सपने देखते हैं, वे पहले से ज्यादा साहसिक, ज्यादा महत्त्वाकांक्षी एवं अधिक महँगे होते जाते हैं। हम अकसर अपने कुछ मूल सपनों को बीच में ही छोड़ देते हैं, क्योंकि जब हमने उन लक्ष्यों को निर्धारित किया होता है, तब हमारी सोच काफी छोटी रही होती है और वर्तमान में उनका कोई महत्त्व बचा नहीं रह जाता है। स्पष्ट है, जब हमारी सोच बड़ी हो जाती है तो नतीजे भी बड़े ही होते हैं, सफलता भी बड़ी ही होती है और इस तरह हम अधिक-से-अधिक आत्म-तृप्ति (सेल्फ फुलफिलमेंट) व व्यक्तिगत संवर्धन (पर्सनल एनरिचमेंट), यदि यह हमारे जीवन के लक्ष्यों में से एक है तो, की दिशा में लगातार आगे बढ़ते चले जाते हैं।

तो अब वह समय आ गया है, जब हमें अगले साल के लिए एक मुख्य उद्‌देश्य की योजना को सावधानीपूर्वक तैयार करना चाहिए। हाँ, इसके साथ ही हमें खुद को लचीला भी बनाए रखने की जरूरत है, ताकि हम अभी न दिखाई दे सकनेवाले भविष्य के सुनहरे अवसरों के प्रति भी सजग बने रह सकें। हमारे पास लक्ष्य तक पहुँचने की बिल्कुल स्पष्ट कार्य-योजना होनी चाहिए। वार्षिक लक्ष्य को महीनों के लक्ष्यों में बदलें और फिर मासिक लक्ष्यों को साप्ताहिक लक्ष्यों में। ठोस योजना न

केवल हमें चिंता व देरी से बचाती है, बल्कि हमें लगातार अपने लक्ष्य की ओर अग्रसर रखने में भी मदद करती है।

आपका चरित्र ही आपकी नियति है

सुकरात युग से पहले के यूनानी दार्शनिक हेराक्लीटस का यह कथन बहुत प्रसिद्ध है—चरित्र नियति की बराबरी करता है। व्यक्ति विशेष का चरित्र (करेक्टर) उसकी मानसिक विशेषताओं व व्यवहारों का संयोजन होता है, जो उसे दूसरों से अलग करता है। किसी व्यक्ति विशेष की नियति (डेस्टिनी) या भवितव्यता या प्रारब्ध उसके जीवन की पूर्व निर्धारित घटनाओं के क्रम को माना जाता है, जो उसकी शक्ति या नियंत्रण से परे होता है। तो फिर हमारा चरित्र ही नियति कैसे बन जाता है?

जीवन का उद्देश्य निर्धारित करना बिल्कुल ठीक व अच्छा है। सफल होने की आकांक्षा रखनेवाले किसी के लिए भी आवश्यक; लेकिन इस दिशा में हर रोज काम करने की कोशिश करने के लिए अनुशासन की जरूरत होती है और सर्वोत्तम अनुशासन वही है, जो हम अपने ऊपर लगाते हैं। तभी तो हेराक्लीटस का कथन सच साबित होता है कि चरित्र नियति की बराबरी करता है। यदि हम अपने आसपास परिचित लोगों को गौर से देखें तो साफ पता चलेगा कि यह नियम सभी पर बराबरी से लागू होता है और इस नियम के अपवाद (एक्सेप्शन) नहीं हैं। आपको सभी सफल स्त्री-पुरुष हरेक अपने तरीके से मजबूत चरित्रवाले तथा बहुत अनुशासित ही मिलेंगे। किसी को भी बिना चरित्र की शक्ति के सफलता नहीं मिली है। अत: स्वयं के मालिक बन सकने और अपनी नियति को अपने हाथों में लेने के लिए हमें अनुशासन की सख्त जरूरत होती है।

अनुशासन का हमारा मतलब रोजाना के कामकाज की कठोर अनुसूची (शिड्यूल), जो कल्पनाशीलता व विश्राम को बाहर निकाल फेंकती है, से कतई नहीं है और न ही हम लगातार काम में डूबे रहने की धारणा को ही बढ़ावा दे रहे हैं। अनुशासन का वास्तविक शाब्दिक अर्थ ऐसे प्रशिक्षण से होता है, जो व्यक्ति विशेष में विशिष्ट चरित्र या व्यवहार का

स्वरूप (पैटर्न ऑफ बिहेवियर) विशेष रूप से नैतिक व मानसिक सुधार पैदा कर सके। यहाँ पर व्यक्तिगत अनुशासन से हमारा मतलब यह भी है कि व्यक्ति विशेष के पास अपने रोजाना के काम-काज के अलावा इतना पर्याप्त समय होना भी जरूरी है कि वह आराम भी कर सके, वह व्यायाम भी कर सके, वह अपने शरीर का ठीक प्रकार से पोषण भी कर सके, वह अपनी पारिवारिक प्रतिबद्धताओं (फैमिली कमिटमेंट) को भी पूरा कर सके, वह मौज-मस्ती भी कर सके और अंत में वह बिल्कुल अकेला भी रह सके।

सावधान! अत्यधिक काम उतना काम, जो आप स्वाभाविक रूप से न कर सकें, कभी भी उत्पादक नहीं हो सकता; लेकिन यहाँ ध्यान रखने की बात यह है कि हर व्यक्ति में काम करने की क्षमता अलग होती है। हो सकता है, काम की जो मात्रा आपके लिए अत्यधिक है, वह किसी और के लिए सामान्य भी हो सकती है। अत: किसी और के काम से अपनी तुलना करने की बजाय अपनी स्वाभाविक क्षमता से ही कार्य करें और आपकी कार्य-सीमा वही है, जो आप में थकान नहीं पैदा करती है, आपको आगे काम करने से ऊबने नहीं देती है। हाँ, इसका मतलब यह भी नहीं है कि आप अपनी कार्य-क्षमता को कम करके आँकें। बिल्कुल संतुलित कार्य करें; न ज्यादा, न कम।

वैसे, आजकल ज्यादा काम करना काफी चलन में है। लोग सफलता की सीढ़ियाँ चढ़ने के लिए सुबह से देर रात तक अपने काम में व्यस्त रहने की कोशिशों में जुटते दिखते हैं; लेकिन जब आप उनकी मूल भावना को टटोलेंगे तो पाएँगे कि अधिकतर लोग इसे अपनी मजबूरी मानते हैं और यही मजबूरी का भाव उन्हें उनकी कोशिशों में कामयाब नहीं होने देता है। ऐसे लोगों को अपने जीवन में हताशा के अलावा और कुछ नहीं मिल पाता, क्योंकि वे काम को स्वाभाविक रूप से नहीं करते हैं। वे तो बस, पदोन्नति या आर्थिक लाभ के लालच में अपने मालिक या उच्चाधिकारी की नजरों में खुद को ऊपर बनाए रखने के लिए काम करने का नाटक

करते हैं और उन्हें अकसर अपने उद्देश्य में सफलता इसलिए भी नहीं मिल पाती है कि उनका काम करने का नाटक अपेक्षित नतीजे नहीं ला पाता है। वास्तव में, सफल लोग दूसरों को खुश करने के लिए काम नहीं करते, वे इसलिए काम करते हैं कि उन्हें काम करना अच्छा लगता है। वह उनका स्वाभाविक काम होता है, जो दूसरों को ज्यादा दिखता है।

सफलता तो बस आदत है—जब हम अपनी स्वाभाविक क्षमता के मुताबिक खुद को अनुशासित करते हैं और अपने अवचेतन मन में सकारात्मक कार्यक्रमों को स्थापित करते हैं तो वह स्वाभाविक रूप से हमारे संगठन की स्वयं विधियों व तरीकों का भी विकास करता है, हमारे व्यक्तिगत कार्य-ताल व स्वरूप की खोज करता है, फिर हमारे भीतर सफलता की आदत की रचना करता है। जी हाँ, सफलता की यह आदत हमारे भीतर अब तक जड़ जमाए बैठी विफलता व औसत दर्जे के नतीजे लानेवाली आदतों को एक-एक कर जड़ से उखाड़ फेंकना शुरू कर देती है और सफलता हमारा अभ्यासलब्ध स्वभाव यानी अभ्यास से हासिल स्वभाव, जिसे दूसरा स्वभाव या दूसरी आदत भी कहा जाता है, बन जाती है; अर्थात् जब हम अपने सहज ज्ञान (इंट्यूशन) के आदेशानुसार आचरण करते हुए आत्म-अनुशासन की स्थिति को प्राप्त कर लेते हैं तो सफलता अप्रतिरोध्य (जो रुक नहीं सकती) बन जाती है और हमारी ओर आकर्षित होती चली जाती है। ऐसी स्थिति में हमारा अवचेतन मन हमारे व्यक्तित्व में आध्यात्मिक चुंबकीय शक्ति को पैदा करता है और इसी को आत्म-शक्ति का जागरण कहते हैं।

तभी तो एक पुरानी कहावत सच है, 'सोच बोओगे तो तुम काम को काटोगे; काम बोओगे तो आदत को काटोगे; आदत बोओगे तो चरित्र को काटोगे और चरित्र को बोओगे तो नियति को काटोगे।'

इन शब्दों में हमारी अपनी जीवन-धाराओं को बदलने तथा सफल व समृद्ध करोड़पतियों की तरह सोचने की पूरी शक्ति है। अब हम सफलता की राह पर सधे कदम बढ़ाने के लिए जरूरी जानकारियों से लैस हो

चुके हैं। हमारी नियति हमारे नियंत्रण में है तो उठाइए कलम और लिख डालिए अपने जीवन का उद्देश्य व लक्ष्य; बना डालिए कदम-दर-कम कार्य-योजना और फिर जुट जाइए उसे अमल में लाने के लिए। जब इस कार्य में कोई परेशानी या उलझन हो तो उच्चारण कीजिए वृहदारण्यक उपनिषद् का यह महामंत्र—

अहम् ब्रह्मास्मि।

अर्थात् 'मैं ब्रह्म हूँ' या 'मैं अनंत वास्तविकता हूँ'।

[अहम्= मैं, स्वयं का अभिमान, कोई व्यक्ति यह सोच ही नहीं सकता कि वह नहीं है। ब्रह्म = सर्वशक्तिमान, सर्वज्ञ, सर्व-व्याप्त; वह शक्ति, जिससे सबकुछ, यहाँ तक कि ईश्वर भी उत्पन्न होते हैं। अस्मि = हूँ, होने का भाव, बने होने का संकल्प।]

अहम् ब्रह्मास्मि का असल मतलब क्या है और हम सफल व समृद्ध होने के लिए करोड़पतियों की तरह सोचने के लिए इसका बार-बार उच्चारण करने को क्यों कह रहे हैं? इस पुस्तक में आपने हर अध्याय में कई बोध-वाक्य पढ़े हैं; लेकिन अंत में यह समझना बेहद जरूरी है कि हम ब्रह्म हैं। मनुष्य की असीम शक्ति के बारे में इससे बड़ा और कोई मंत्र मौजूद नहीं है। सबसे पहले तो हम सभी को यह महसूस करना चाहिए कि मैं हूँ। अपने को किसी दृष्टि से, किसी भी कारण से, किसी के भी कहने से छोटा समझना, हीन या अयोग्य नहीं मानना चाहिए। यह एक तरह की आत्महत्या (सुसाइड) ही है, अपने अस्तित्व को नकारना है। कोई यदि आपको यह विश्वास दिलाने की कोशिश करे कि आप कुछ भी नहीं हैं, तो आप उसे पागल की बात समझकर नजरअंदाज कर दें। दूसरी बात यह कि आप में, यानी हर व्यक्ति में सबकुछ, कुछ भी कर सकने की शक्ति मौजूद है।

ब्रह्म कहे जाने का मतलब यही है कि प्रत्येक व्यक्ति में अनंत संभावना है और सभी में एक जैसा ही है। आप स्वयं सर्व-शक्तिमान (द ऑलमाइटी) हैं—ब्रह्म अर्थात् अनंत वास्तविकता और इस सत्य का